Gerhard Dambmann
Gebrauchsanweisung für Japan

Gerhard Dambmann

GEBRAUCHS ANWEISUNG für

Japan

Piper München Zürich

Außerdem liegen vor:

ISBN 3-492-27513-3
Überarbeitete Neuausgabe 2002
© Piper Verlag GmbH, München 1996
Gesetzt aus der Bembo-Antiqua
Gesamtherstellung: Clausen & Bosse, Leck
Printed in Germany

www.piper.de

Chiune Sugihara gewidmet,

der als japanischer Diplomat beim Ausbruch des Zweiten Weltkrieges viertausend polnischen Juden das Leben
rettete und dafür den Undank seines Vaterlandes erntete.

Inhalt

— 7 —

Willkommen in einem sehr fernen Land

Tagtäglich wiederholt sich in Japan dasselbe Mißver-
ständnis auf den Flughäfen, in den Hotellobbys und in
den Chefetagen der Großfirmen, wenn Europäer zum
erstenmal ihre japanischen Partner treffen. Da der Europäer bei seinen Reisevorbereitungen gelernt hat, daß
man sich in Japan zur Begrüßung nicht die Hände schüt-
telt, sondern lächelnd verbeugt, knickt er, die Hände an
der Hosennaht, den Oberkörper ein. Der Japaner dagegen, in westlichen Gepflogenheiten erfahren, streckt in
aufrechter Haltung dem Besucher seine Rechte entgegen. Beide zucken daraufhin zusammen und nehmen
einen neuen Anlauf. Nun reicht der Europäer seine
Hand ins Leere, während der Japaner sich verbeugt.
Schließlich löst sich das harmlose Durcheinander in be-
freiendes Gelächter auf.

Auf Mißverständnisse muß gefaßt sein, wer aus dem
westlichen Kulturkreis nach Ostasien reist, und leider
sind sie nicht immer so harmloser Natur. So warnte 1993
US-Präsident Bill Clinton seinen russischen Kollegen
Boris Jelzin, der sich auf eine schwierige Japan-Reise
vorbereitete, vor den Politikern in Tokio, die in offiziel-
len Gesprächen und Verhandlungen oft ja sagten, in
Wirklichkeit aber nein meinten. Als durch eine Indis-
kretion Clintons Hinweis bekanntwurde, war die Em-

pörung der Japaner groß, die sich als verschlagene Taktierer brüskiert sahen. Clinton indes wußte, wovon er sprach; wenige Jahre vorher hatte einer seiner Amtsvorgänger den damaligen japanischen Ministerpräsidenten Kakuei Tanaka bedrängt, Einfuhrerleichterungen für amerikanische Waren auf dem japanischen Markt durchzusetzen. Tanaka reagierte darauf mit einem etwas zögerlichen Ja, das sich bald – zur nachhaltigen Verärgerung des Weißen Hauses – als klares Nein erwies.

Dennoch haben amerikanische Präsidenten keinen Grund, den Japanern unlautere Tricks zu unterstellen, denn diese verhalten sich lediglich gemäß den Regeln ihres Kulturkreises, und das müßten die Berater im Weißen Haus eigentlich wissen. Zu diesen Regeln gehört es, offene Konfrontationen nach Möglichkeit zu vermeiden, also gar nicht erst eine Situation entstehen zu lassen, in der eine krasse Ablehnung, ein klares Nein, unumgänglich wird. Man zerstört keine Brücken, über die hinweg man sich immer wieder treffen muß. Ein japanisches Ja (*hai*) kann folglich durchaus unserem Ja entsprechen, etwa auf die unproblematische Frage hin, ob es geradeaus zum Bahnhof gehe. Bei einem komplizierten Problem oder bei einer weitreichenden Bitte kann *hai* aber auch »ja, ich verstehe Ihre Sorgen sehr gut und werde darüber ernsthaft nachdenken« bedeuten, was einer typischen japanischen Ablehnung schon sehr nahe kommt. Nuancen in der Betonung, winzige Verzögerungen beim Formulieren machen den Unterschied. Japaner sind auf Zwischentöne geeicht, Europäer nehmen sie oft nicht wahr.

Sie sehen, geschätzte Leserinnen und Leser, daß Japan nicht nur geographisch sehr weit von Europa entfernt liegt. Wer in dieses Land reist, ist auf Fremdartiges gefaßt, auf Zen-Meditationen in stillen Tempeln, auf Ikebana und Bonsai, auf Kirschblütenkult, Teezeremonie und rohen Fisch als Delikatesse, aber genauso auf schrille Discos und grelle Lichtreklamen, auf qualvoll überfüllte U-Bahnen und hübsche junge Damen, die an den Rolltreppen der Luxuskaufhäuser nichts anderes tun, als sich automatenhaft zu verbeugen und lächelnd die Kunden willkommen zu heißen, während bei anderen hübschen Damen, die in diskreten Etablissements ihren Gästen raffinierte Dienste anbieten, Ausländer nicht willkommen sind. Diese alte und moderne Exotik ist nur der Widerschein von inneren Einstellungen, geistigen Traditionen und gesellschaftlichen Spielregeln. Wer die Japaner wirklich verstehen will, muß herauszufinden versuchen, was in ihren Herzen und Köpfen vorgeht (sie selbst würden sagen, in ihren Bäuchen und Köpfen).

Rudyard Kipling, der im vergangenen Jahrhundert das Hohelied auf den weißen Mann in Asien sang, kam zu der bitteren Erkenntnis, daß Ost und West, Asien und Europa, nie zusammenfinden würden: »*East is East and West is West and never the Twain shall meet.*« Doch das ist lange her und lag wohl hauptsächlich daran, daß die westlichen Kolonialherren sich den Asiaten in jeder Hinsicht überlegen fühlten, während die in alten und noch immer lebendigen Hochkulturen tief verwurzelten Asiaten in den weißen Soldaten, Missionaren und Kaufherren zunächst grobe Barbaren sahen.

Seitdem haben sich die Verhältnisse gründlich verändert. Haben sie? Aus Japan ist die führende Industrienation des asiatisch-pazifischen Raumes geworden, und die asiatischen Gestade des Pazifiks haben sich zu einer der dynamischsten Wirtschaftsregionen der Erde entwickelt.

Daß dieser Prozeß nicht ohne Wachstums- und Strukturkrisen verläuft, sollte den Westen, der mehr als eine Weltwirtschaftskrise verursachte, nicht wundern und schon gar nicht hochnäsig werden lassen. Wer heute aus dem Westen nach Osten reist, kommt nicht mehr anmaßend als Kolonialist, sondern wirbt um Aufträge, Märkte und gleichberechtigte Zusammenarbeit. Kenntnis im Umgang mit den Völkern Ost- und Südostasiens bedeutet, der Konkurrenz um eine Nasenlänge voraus zu sein. Ostasien in seiner ganzen Vielschichtigkeit zu verstehen ist für das Funktionieren der Weltwirtschaft und insbesondere für das Überleben ganzer Zweige der europäischen und amerikanischen Industrie lebensnotwendig geworden.

Noch immer gibt Japan der Welt viele Rätsel auf. Wie erklärt sich, daß der Leutnant Hiroo Onoda nach Japans bedingungsloser Kapitulation 1945 noch 29 Jahre lang im philippinischen Dschungel für seinen Kaiser aushielt, obwohl er in späteren Jahren dort ein Transistorradio besaß und wissen mußte, was in der Welt vorging? Warum gab Onoda erst auf, nachdem ihm sein letzter Vorgesetzter, seit Jahrzehnten als Buchhändler ins Zivilleben zurückgekehrt, den erforderlichen »Befehl« erteilt hatte? Leutnant Onoda als Japans letzter Samurai? Oder als Japans letztes Kriegsopfer, als ein bedauernswerter Mann, den Krieg und jahrzehntelange Einsamkeit um seinen Verstand gebracht hatten? Gerade zwei Jahre war es her, daß im Frühjahr 1972 Bauern auf der Pazifikinsel Guam den kaiserlich-japanischen Unteroffizier Shoichi Yokoi gefangengenommen hatten, 27 Jahre nach dem Ende des Zweiten Weltkriegs. Auch damals hatten Politiker, Presse und Fernsehen den Spätheimkehrer jubelnd empfangen, und die Öffentlichkeit sog seine Urteile über das neue Japan auf wie sensationelle Forschungsergebnisse berühmter Gelehrter.

Die Welt verfolgte die Rückkehr der beiden Krieger mit hilflosem Staunen. Hätte nicht jeder von seiner Truppe abgesprengte europäische Soldat nach ein paar Tagen oder Wochen versucht, sich nach Hause durchzuschlagen, oder sich den fremden Behörden gestellt? Wäre nicht jeder südostasiatische Krieger freundlich und friedlich ins nächste Dorf gelaufen, hätte sich bei den Bauern nützlich gemacht und bald eine eigene Familie gegründet? Hätte sich nicht ein Chinese vorsichtig und zurückhaltend am Rande eines Dorfes niedergelassen, als Kleinhändler erst, bald auf eine wachsende Familie gestützt, so daß er nach 29 Jahren wahrscheinlich den örtlichen Holzhandel beherrscht hätte und den Geldverleih dazu? Nachdem sich die Euphorie gelegt hatte, kamen selbst den Japanern Zweifel. Schließlich paßte das alles schlecht in das Bild des modernen, demokratischen Japans, das mit dem Imperialismus, Militarismus und Nationalismus der ersten Jahrhunderthälfte gebrochen hat. Ist dieser Bruch wirklich so radikal?

Während sich die Welt schwertut, Japan zu begreifen, fühlen sich die Japaner von der Welt unverstanden. Für die Mehrheit besteht nämlich die Menschheit aus zwei Kategorien, aus Japanern − und aus allen anderen.

Vor einigen Jahren behauptete der japanische Mediziner Dr. Tadanobu Tsunoda, er habe in zwölfjähriger Forschung herausgefunden, daß bei den Japanern − und nur bei ihnen − die linke Seite des Gehirns all jene Funktionen ausübe, in die sich bei der übrigen Menschheit rechte und linke Hirnhälfte teilten. Diese Entdeckung habe erhebliche Konsequenzen. Sie erkläre, warum nüchterner Verstand und kalte Logik bei Japanern eine geringere Rolle spielten als bei den Europäern, warum Gefühle und Stimmungen hierzulande häufig Argumente ersetzten, warum persönliche, also gefühlsbetonte Bindungen und Loyalitäten in Japan wichtiger genommen würden als abstrakte Rechtsnormen.

Niemand in der japanischen Öffentlichkeit belächelte die Beobachtungen von Dr. Tsunoda als originelle Gedankenspiele eines Intellektuellen, bestätigten sie doch nur, woran 125 Millionen Japaner fest glauben: Japaner sind anders. Daher wunderte sich auch niemand, als später Herr Tsutomu Hata, kein Außenseiter, sondern einer der mächtigsten Männer Japans, erklärte, daß die Därme der Japaner länger seien als die Därme aller übrigen Menschen (womit Herr Hata, damals Landwirtschaftsminister, den Import von amerikanischem Rindfleisch als für Japaner unbekömmlich bekämpfte).

Wenn Sie als Ausländer einem Japaner versichern, daß Japaner mit keinem anderen Volk der Erde zu vergleichen seien, werden Sie die uneingeschränkte Zustimmung Ihres Gesprächspartners finden. Und das Eingeständnis eines Ausländers, daß er die Japaner nicht verstehe, macht ihn fortan zum Japan-Kenner, weil es – gemäß japanischem Selbstverständnis – nämlich für einen Ausländer schlechterdings unmöglich ist, Japan zu begreifen.

Schließlich sollte, wer nach Japan reist, nie vergessen, daß sich die Völker Ostasiens, also Chinesen, Koreaner und Japaner, trotz eines gemeinsamen kulturellen Erbes ebenso gründlich unterscheiden wie etwa Italiener von Iren. So pflegen die Chinesen das Bewußtsein, die älteste lebende Hochkultur der Welt zu verkörpern, und dieses

Wissen verleiht ihnen bis heute eine beispiellose Selbstsicherheit, die viele Nichtchinesen gar als Arroganz empfinden. Die Japaner dagegen können nicht verdrängen, daß sie als einfaches Bauern- und Kriegervolk in die Geschichte eingetreten sind und ihre wichtigsten kulturellen, politischen und wirtschaftlichen Impulse vor über tausend Jahren aus China und in der zweiten Hälfte des 19. Jahrhunderts aus Nordamerika und Europa empfingen.

Der Europäer, der alles, was er in Japan sieht und erlebt, mit Europa vergleicht, versperrt sich selbst den Weg zur besseren Einsicht. Nur aus seiner Geschichte, seiner geistigen Tradition, seinen geographischen Gegebenheiten heraus ist Japan – auch seine Reaktion auf den Westen – zu verstehen. Der westliche Kulturkreis und Ostasien, das sind zwei Lebensentwürfe, die wenig miteinander verbindet und die sich gegenseitig nichts schulden. Die folgenden Seiten sollen helfen, die Kluft der Mißverständnisse zwischen Japan und dem Westen zu überbrükken. Was die kleiner gewordene Welt braucht, ist Verständnis für die Unterschiede, für die Eigenheiten. Seit den Meiji-Reformen vor über hundert Jahren ist Japan bestrebt, von der Welt zu lernen. Die Welt aber hat sich, von einigen wenigen abgesehen, bisher kaum Mühe gegeben, die Japaner zu verstehen.

P.S. In ihrer Gastfreundschaft lassen sich die Japaner von keinem anderen Volk der Erde übertreffen. Hoffentlich haben Sie, geschätzte Japan-Besucher, in Ihrem Koffer eine Vielzahl kleiner Präsente dabei. Den Platz werden auf der Heimreise die japanischen Geschenke füllen.

Yoku irasshaimasu – herzlich willkommen!

Erste Schritte

Ankunft

Spätestens dann, wenn der Düsenjet nach einem langen Flug auf dem Tokioter Flughafen Narita ausrollt, stellen sich viele Passagiere die bange Frage, wie man wohl zurechtkommt in einem Land, dessen Sprache man nicht beherrscht, dessen Schrift man nicht lesen kann und dessen Bewohner Regeln folgen, die man nicht kennt. Solche Zweifel sind unbegründet, denn als besorgte Gastgeber wissen die Japaner um die Ängste der Besucher und machen es ihnen leicht.

Es sind vorwiegend Männer, die als Einzelreisende nach Japan kommen, Geschäftsleute, Techniker, Studenten, Diplomaten, Journalisten, Wissenschaftler und Künstler. Deshalb ist auf den folgenden Seiten fast immer von »man« und »ihm« und »er« die Rede.

Die Paß- und Zollkontrollen gleichen der Praxis aller modernen Staaten, und da die Wege und Stationen im Flughafen dankenswerterweise auch englisch beschriftet sind, gibt es keinerlei Komplikationen, zumal Mitteleuropäer als Besucher kein Einreisevisum benötigen. In der Gepäckausgabe stehen mehr Transportkarren bereit als auf dem Frankfurter Flughafen. Doch schon die kurze Zeit bis zur Ankunft des Gepäcks regt zu völkerkundlichen Betrachtungen an. Wie kommt es, daß Europäer und Amerikaner pro Person mindestens einen vollen Koffer auf Reisen brauchen, während viele Japaner mit dem Inhalt einer Umhängetasche um die ganze Welt fliegen? Kann es daran liegen, daß sich in Japan die Menschen auf engstem Raum zusammendrücken müssen, weil nur der kleinste Teil ihrer bergigen Inseln bewohnbar ist? In den engen Wohnungen ist kein Platz für prallgefüllte Kleiderschränke, für dekorative und zugleich überflüssige Möbel. Stabile Betten nehmen viel Platz ein, deshalb schlafen Millionen Japaner noch immer auf den Futons, dünnen Matratzen, die, tagsüber in Schränken verstaut, zur Nachtzeit auf dem mit Strohmatten (*tatami*) ausgelegten Wohnraum ausgerollt werden. Von Kind an lernen die Menschen, mit dem Notwendigsten auszukommen. Was braucht man für eine lange Reise mehr als ein bißchen Wäsche, die man abends im Hotel gründlich durchspült und morgens wieder anzieht, als ein paar warme Sachen für kühle Tage, ein paar Toilettenartikel und nicht zuletzt einige kleine Gastgeschenke?

Wer direkt aus Europa anreist, wird in Narita meistens nur oberflächlich kontrolliert. Anders der aus Südostasien Einreisende, er muß mit einer gründlichen Durchsuchung rechnen. Wird bei jemandem auch nur ein einziges Gramm Rauschgift gefunden, landet er unweigerlich im Gefängnis. Zwar wird selbst in schweren Fällen niemand, wie in Singapur, mit dem Tode bestraft, doch fehlt es den Sanktionen weder an Härte noch an Konsequenz. Als Diego Maradona mit einer brasilianischen Fußballmannschaft 1994 zu einem Freundschaftsspiel nach Japan fliegen wollte, verweigerten ihm die Behörden das Einreisevisum, da das Fußballidol als Konsument leichter Drogen vorbestraft war.

Einige Jahre zuvor hatten die Zöllner bei dem Beatle Paul McCartney eine kleine Menge Haschisch entdeckt; sie verhafteten ihn und schoben ihn ab. Alle seit Wochen ausverkauften Konzerte mußten ausfallen, trotz flehender Bitten der Fans und diskreter Bemühungen der Veranstalter. Später gerieten mehrere ausländische Lehrer einer angesehenen Sprachenschule in den Verdacht, Drogen zu konsumieren, daraufhin ordnete die Schulleitung sofort für alle ausländischen Lehrer (aber nicht für deren japanische Kollegen) Drogentests an. Auf die Proteste einiger Sprachlehrer hin, die sich in ihrer persönlichen Freiheit verletzt sahen, teilte die Schulleitung kühl mit, wer sich den Tests verweigere, möge Japan verlassen. Kurzum, wer mit Drogen bei der Einreise oder im Lande erwischt wird, muß mit einer drakonischen Gefängnisstrafe rechnen, günstigstenfalls mit sofortiger Ausweisung.

Narita liegt knapp siebzig Kilometer vom Zentrum Tokios entfernt. Ältere Reisende werden sich noch an die Fernsehbilder vom Bau des Flughafens erinnern, als es zu blutigen Schlachten zwischen Ordnungshütern und einer Allianz aus linken Extremisten und Bauern kam. Mitakteure waren vom Fortschrittswahn verblendete Politiker, überhebliche Beamte und Grundstücksspekulanten, die die Bauern für dumm verkauften, und frustrierte Linke, die nach dem Ende des Vietnamkrieges neue Gegner suchten und ihrerseits die Bauern manipulierten. Nach seiner Fertigstellung blieb der Flugplatz jahrelang unbenutzt, bis endlich 1978 der Flugverkehr aufgenommen wurde.

Danach blieb Narita bis zu den Terrorattacken islamistischer Selbstmordpiloten auf New York und Washington wahrscheinlich der bestbewachte Großflughafen der Erde; den meisten Reisenden fällt das jedoch nicht auf, weil die vielen Kontrolleure und Wächter ihren Dienst diskret versehen. Und daß Narita aus Sicherheitsgründen für Schaulustige gesperrt ist, hat für die Fluggäste den Vorteil, daß hier weniger Gedränge und Trubel herrschen als auf den anderen internationalen Airports.

Eine bequeme und preiswerte Omnisbuslinie verbindet Narita mit dem City Air Terminal, einer Flughafen-Abfertigung am Rande des Stadtzentrums. Von dort aus starten Omnibusse zu Hotelrundfahrten, doch müssen unter Umständen bis zum Ziel – sofern es am Ende dieser Touren liegt – viele Zwischenstopps in Kauf genommen werden, und man wählt besser das teurere Taxi. Wem es auf mehr als 100 Euro nicht ankommt, der kann gleich in Narita ein Taxi besteigen.

Die lange Fahrt vom Flughafen zum City Air Terminal dauert auf gebührenpflichtigen Autostraßen etwa eine Stunde bei normalem Verkehr, bei Staus oder in der Rush-hour entsprechend länger. Langweilig ist die Strecke nicht. Sanfte Hügel, an deren Hänge sich Bambuswälder schmiegen, und kleine, mit winzigen Feldern übersäte Täler lassen die ursprüngliche Schönheit der Landschaft ahnen. Mit einem Gewirr von häßlichen Siedlungen, Lagerhallen und Fabriken kündigt sich die nahe Großstadt an. Kilometerlang führt die Autobahn schließlich auf Stelzen über Wohnsiedlungen hinweg, in denen die winzigen Holzhäuser so eng aneinanderstehen, daß nicht einmal die baufälligste Hütte umfallen könnte. Dies dürfte die Gegend sein, in der vor Jahren ein hoher Vertreter der Europäischen Union die Erkenntnis gewann, viele Japaner wohnten noch immer in Kaninchenställen.

Mit dieser Ansicht entfesselte er, als die japanische Presse davon erfuhr, einen Sturm der Entrüstung. Ernsthaft widerlegen ließ sich der Eindruck allerdings nicht. Nachdem der Bus noch zwei, drei Flüsse und Kanäle überquert hat, erreicht er endlich die ersten Wolkenkratzer und damit das Herz der Stadt.

Von westlichen und japanischen Hotels

Fast alle Ausländer landen automatisch in einem der großen Hotels westlichen Stils. Der wesentliche Unterschied zu den Luxusherbergen Europas besteht darin, daß sie zumeist selbst höchsten Ansprüchen genügen, weil sie die technische Perfektion des Westens mit dem traditionellen und persönlichen Service des Ostens kombinieren. Ein Zimmer ohne Bad ist selbst in den preiswerteren Unterkünften unvorstellbar. Farbfernseher, Durchwahltelefone, in der Regel auch Kühlschrank gehören zur Standardausrüstung, diverse Restaurants bieten westliche, japanische und chinesische Speisen zur Auswahl, der Room-Service liefert die Mahlzeiten vom frühen Morgen bis in die späte Nacht und manchmal sogar rund um die Uhr auf das Zimmer, Friseur, Souvenirläden, Buchhandlungen mit ausländischen Zeitungen und Sauna haben bis in die späten Abendstunden geöffnet, und Wäsche liegt spätestens 24 Stunden nach der Weggabe sauber und gebügelt auf dem Bett. Es gibt keine bequemere Reiseunterkunft als in Japans internationalen Hotels, vorausgesetzt, man kann die stattlichen Preise zahlen.

Daneben hat sich eine neue Kategorie von Hotels aufgetan, die vorwiegend sparsamere japanische Geschäftsreisende aufsuchen. Diese *bischiness hoteru* (*business hotels*) genannten Herbergen liegen ebenfalls zentral, und zu jedem Zimmer gehören ein kleines Bad, Farbfernseher und Telefon. Die Zimmer selbst sind winzig, oft ersetzt ein Kleiderhaken den Schrank. An Sauberkeit stehen sie den internationalen Hotels nicht nach, doch mangelt es dem Personal zumeist an der Kenntnis fremder Sprachen. Da sie auf übermäßigen Aufwand verzichten, auf die unterschiedlichen Restaurants, auf Zimmerservice und Souvenirläden sowie auf eine überdimensionale marmorverkleidete Lobby, kostet eine Übernachtung hier oft nur halb soviel wie in den Häusern mit den weltbekannten Namen.

Auch in den erschwinglicheren Unterkünften lebt man ganz im westlichen Stil, mit Bett, Tisch und Stuhl. Genauso westlich geht es schon seit Ende des vorigen Jahrhunderts in den Schulen zu, und in Wirtschafts- und Behördenbüros arbeitet selbstverständlich jeder auf seinem Stuhl sitzend an einem Schreibtisch. Zu Hause in den eigenen engen vier Wänden und in den traditionellen japanischen Restaurants und Hotels spielt sich das Leben weiterhin auf Reisstrohmatten, also auf ebener Erde, ab. Die jüngere Generation empfindet diese überlieferte Lebensweise inzwischen als recht beschwerlich. Wer den größten Teil des Tages die Schulbank oder den Bürostuhl drückt, tut sich schwer, den Abend kniend oder im Schneidersitz zu verbringen. So manchem Japaner, der seine ausländischen Gäste um der Exotik willen abends in ein klassisches japanisches Restaurant führt, schmerzen Rücken- und Wadenmuskeln anschließend nicht weniger als dem ungeübten Fremden. Wer kann, hat sich längst auf westlichen Wohnstil umgestellt und leistet sich nur noch ein Tatami-Zimmer in der Appartment-Wohnung als »gute Stube«. Die Zahl der Tatami-Hersteller ist in den letzten 20 Jahren um die Hälfte zurückgegangen.

Jeder Ausländer auf Urlaubs- oder Bildungsreise möchte gern einmal in einem *Ryokan*, dem traditionellen japanischen Hotel, übernachten. Dazu müssen Sie, geschätzte Leserinnen und Leser, wissen, daß die Ryokan nicht für Individualisten gedacht sind, sie wollen vor allem eine fast familiäre Atmosphäre der Geborgenheit bieten. Beim Betreten des Hauses zieht der Gast schon im Flur, wie zu Hause, die Schuhe aus, zumeist hilfreich unterstützt von in Kimonos gekleideten weiblichen Bediensteten. Sie geleiten die Gäste in ihre Räume, verschwinden und kehren kurz darauf mit dem Begrüßungstee zurück. Sobald sie den Raum betreten, sinken sie in die Knie und bewegen sich fortan rutschend durchs Zimmer. Nie sollte eine Dienerin dem Gast den Rücken zukehren. Beim Verlassen des Zimmers wird sie ihn freundlich anlächeln und rückwärts rutschend dem Ausgang zustreben. Die Zimmer selbst sind von klassischer Schlichtheit: kein Bett, kein Tisch, kein Stuhl. Auf dem mit Reisstrohmatten ausgelegten Fußboden liegen allenfalls ein paar dünne Kissen. Nachdem diese Lebensweise immer mehr Japanern schwerfällt, bieten viele Ryokan Sitzkissen mit eingebauten Armstützen und Rückenlehnen.

Bald nach der Ankunft wird dem Gast bedeutet, seine Straßenkleidung abzulegen und in den bereitliegenden dünnen Baumwollkimono, *yukata*, zu schlüpfen. Es gibt in schwüler Sommerhitze kein bequemeres Kleidungsstück. Gehört zum Zimmer ein eigenes Bad, läßt die Dienerin unterdessen das heiße Wasser einlaufen. In den meisten Ryokan treffen sich die Gäste im Gemeinschaftsbad zu festgesetzten Zeiten, für Männer und Frauen getrennt.

An dieser Stelle sei vor dem groben Fehler gewarnt, in das dampfende heiße Badebecken zu steigen und sich dort gründlich zu säubern. Das heiße Bad (*ofuro*) dient den Japanern ausschließlich zur Entspannung. Man säubert sich zuvor auf einem Holzschemelchen neben dem Becken sitzend, übergießt sich mit heißem und kaltem Wasser, das aus Hähnen in der Wand fließt. Erst nachdem man sich abgeseift hat und die letzten Schaumreste weggespült sind, steigt man vorsichtig und langsam in das dampfend-heiße Wasser. Obgleich sich im Ofuro alle nackt bewegen, halten die Badenden taktvoll mit einem kleinen weißen Handtuch ihre Blöße bedeckt.

Auf das Bad folgt das Essen. Es wird nicht in einem Speisesaal, sondern wiederum im Zimmer von Dienerinnen serviert, die vor jeden Gast einen niedrigen Tisch stellen, auf dem bereits alle Speisen dekorativ arrangiert stehen. Im Ryokan bekommt jeder Gast das gleiche Menü. Nach der Abendmahlzeit, wenn das Bad nachwirkt und Bier oder Reiswein schläfrig machen, rollen Dienerinnen die dünnen Schlafmatratzen auf den Matten aus, und bald liegt das ganze Haus im Schlaf.

Japaner sind es gewöhnt, daß in einem Ryokan so viele Matratzen ausgerollt werden, wie Platz in einem Raum vorhanden ist, solange man nur zur selben Gruppe gehört. Ganze Familien oder Firmenmitglieder schlafen einträchtig im selben Zimmer. Selten lassen sich die Schiebetüren der Räume abschließen, oft trennt nur eine dünne Papierwand den Raum vom Nachbarzimmer. Diese Zwischenwände lassen sich durch Anheben leicht herausnehmen, so daß ohne Umstände ein vergrößerer Raum entsteht. Jedes kleinste Geräusch, jedes gedämpfte Gespräch ist nebenan mitzuhören. Das stört die meisten Gäste nicht, geht es doch in ihren eigenen vier Wänden ähnlich zu. Auch zu Hause kann man sich nicht aus dem Weg gehen.

Kein Ryokan gleicht dem anderen. In vielen stehen heute als Tribut an die Moderne Farbfernseher, Kühlschrank und Telefon auf den Bodenmatten. Einige bieten neuerdings westliches Frühstück und eine Auswahl von Speisen an. Sie alle atmen jedoch eine altmodische, weltabgewandte Atmosphäre, und zahlreiche Ryokan weisen sogar Ausländer ab – nicht aus Fremdenfeindlichkeit, sondern weil sich Ausländer wegen der Sprachschwierigkeiten und wegen ihrer zahlreichen Sonderwünsche eher schlecht in die kleine Welt altjapanischer Gastlichkeit einfügen.

Im Ryokan erlebt der Besucher noch ein Stück altes Japan, zumal sich die Türen zu japanischen Familien nur schwer öffnen. Allerdings sei vor der Illusion gewarnt, hier könne man preiswerter wohnen als in einem der komfortablen westlichen Hotels. Die wirklich guten Ryokan sind eher noch teurer.

Unterwegs auf Straße und Schiene

Taxis gibt es in Japan im Überfluß. Man muß sie nicht suchen, sondern stellt sich einfach an den Straßenrand und wartet. Doch Vorsicht! In Japan herrscht Linksverkehr, die Autos kommen also auf der eigenen Straßenseite immer von rechts! Sobald ein Taxifahrer einen Kunden sichtet, tritt er voll auf die Bremse, ob mitten in einer Kurve oder in der engsten Gasse. Der nachfolgende Verkehr muß warten. Darum betrachten Benutzer die Taxis als segensreiche Einrichtung, während die Autofahrer sie als lebensgefährliche Verkehrshindernisse fürchten. Taxis kommen in der unterschiedlichsten Bemalung daher, aber man erkennt sie alle an einem kleinen Aufbau auf dem Dach. Ein kleines rotes Schild oder leuchtendrote Schriftzeichen links hinter der Windschutzscheibe zeigen an, daß ein Taxi frei ist.

An eine Besonderheit muß sich der Ausländer erst gewöhnen: Der Fahrgast kann die Tür zum Bürgersteig hin weder öffnen noch schließen (die rechte Tür bleibt wegen des Gegenverkehrs verriegelt). Dies besorgt der Fahrer über ein Hebelgestänge von seinem Sitz aus. Allzuviel Gepäck darf man nicht dabeihaben, schon gar nicht, wenn man zu zweit oder dritt einsteigt. Der Behälter für Gas, mit dem viele Taxis angetrieben werden, ist in den Kofferraum eingebaut, in dem zahlreiche Fahrer offenbar auch wohnen, wie Schuhe, an einer Schnur zum Trocknen aufgehängte Leibwäsche und andere Utensilien belegen.

Die größte Schwierigkeit bereitet dem Ausländer, sein Ziel verständlich zu machen, denn die wenigsten Fahrer sind Sprachkünstler. Japanische Ortsangaben, um eine Nuance falsch betont oder mit süddeutschem Akzent ausgesprochen, stoßen beim Fahrer auf keinerlei Resonanz. Doch tröstlicherweise kann jeder von ihnen lesen – japanisch natürlich. Sollten Sie im Hotel wohnen und auf Nummer Sicher gehen wollen, dann lassen Sie sich vom englischsprechenden Portier das Ziel in japanisch aufschreiben und halten dem Fahrer den Zettel unter die Nase.

Außerordentlich bewährt haben sich selbstgefertigte japanisch und englisch beschriftete Lagepläne, auf denen genau verzeichnet ist, wie man zu einem bestimmten Ziel findet. Jede ausländische Familie besitzt einen derartigen Plan, den man im Bedarfsfall, etwa Gästen, die man zum Essen eingeladen hat, zuvor ins Hotel oder Büro schickt. Die Taxifahrer sind Meister im Kartenlesen. Leider übernehmen manche Ausländer solche Pläne unbesehen vom Vormieter. Wenn aber der Fischladen, an dem man links abbiegen soll, seit nunmehr drei Jahren einer Tankstelle Platz gemacht hat und die enge Gasse mit den winzigen Kneipen für Autos gesperrt und deshalb auf dem Plan ausgelassen ist, jedoch vom Taxifahrer mitgezählt wird, landen die Gäste zwar stets in der Nähe, aber selten am Ziel.

In Zweifelsfällen bewährt es sich, stur im Taxi sitzen zu bleiben, bis der Fahrer vor der gesuchten Adresse steht. Wer sich mit Handbewegungen, die andeuten, das Ziel liege nur ein bißchen weiter die Gasse hinunter, vorzeitig aus dem Wagen komplimentieren läßt, zahlt für diesen Leichtsinn mit langem Umherirren. Gastgeber zeigen sich keineswegs überrascht, wenn der Gast beim ersten Besuch erschöpft auftaucht, nachdem gerade das Dessert aufgetragen wurde. Die erfahrene Hausfrau wird ihm das Essen sicherheitshalber warmhalten.

Nicht die Sprachprobleme erschweren es, in den Großstädten eine Adresse zu finden, sondern die fehlenden Straßennamen sowie die eigenwillige Numerierung der Häuser. Jeder Neubau erhält einfach die nächstfolgende Nummer, ganz gleich, an welcher Stelle eines Häuserblocks er liegt. Für europäisches Empfinden ist das recht chaotisch.

Briefträger und Polizisten kennen sich am besten aus, weil sie meist ihr ganzes Berufsleben im selben Viertel verbringen. Wer die Orientierung verliert, sollte sich zur nächstgelegenen Polizeistation (*koban*) durchfragen. Eine typische japanische Adresse besteht aus dem Namen der Stadt, dem Namen des Bezirks, der Nummer des Unterbezirks, der Nummer des Häuserblocks und der Nummer des Hauses. An den Hauptzugängen zu den einzelnen Stadtunterbezirken zeigen Pläne auf großen Blechschildern die Lage der Häuserblocks und der einzelnen Häuser an – leider nur in japanisch.

Ehrlichkeit zeichnet den Berufsstand des japanischen Taxifahrers aus. Mir rutschte einmal die Geldbörse mit umgerechnet etwa 200 Euro aus der Hosentasche, eine Stunde später lag sie auf der nächsten Polizeistation. Es ist durchaus nicht ungewöhnlich, daß ein Taxifahrer, der sich verfährt und suchend durch die Gegend kurvt, am Ziel vom Fahrgast weniger als den vom Taxameter ausgewiesenen Betrag verlangt, selbst wenn der Fahrgast den Umweg gar nicht bemerkte.

Dieses makellose Bild hat jedoch einen kleinen Schatten. Abends zwischen neun und zehn Uhr, wenn zu einer für Europäer ungewohnt frühen Stunde die meisten Restaurants und Bars schließen, suchen in den Vergnügungsvierteln plötzlich Tausende von Bummlern, Hostessen, Gästen und Kellnern ein Taxi für die Heimfahrt. Wer jetzt nicht mit einem Geldschein winkt und damit signalisiert, daß er bereit ist, den doppelten oder dreifachen Preis zu zahlen, kann lange warten. In solchen Phasen der Hochkonjunktur regelt sich der Markt nicht über die Zähluhr, sondern über das Gesetz von Angebot und Nachfrage, wobei Ausländer im Nachteil sind, weil jeder Taxifahrer weiß, daß sie zumeist in den teureren und nahegelegenen Innenstadtvierteln leben, während die Japaner fast alle in die entfernter liegenden, billigeren Vororte fahren müssen.

Das preiswerteste und schnellste städtische Verkehrsmittel ist die *U-Bahn*. Trotz des Giftgasanschlags im Herzen von Tokio im Frühjahr 1995 sind die Passagiere hier weit weniger gefährdet als die Benutzer deutscher Autobahnen. Machen Sie es wie ich, liebe Japan-Besucher, und bitten Sie beim ersten Mal eine(n) japanische(n) Bekannte(n), mit Ihnen Probe zu fahren. Dabei lernen Sie rasch, wie perfekt und übersichtlich der U-Bahn-Verkehr organisiert ist, wie man Fahrscheine an den Automaten löst, sich orientiert und umsteigt. Die Stationsnamen sind auch in lateinischer Schrift angegeben und alle wichtigen Hinweise zudem in englisch formuliert. Richtungspfeile zeigen an, von welcher Station die Züge kommen und wohin sie weiterfahren, so daß sich niemand im Bahnsteig irren kann. Die Züge haben nur eine Klasse. Sich nach dem exakt eingehaltenen Fahrplan zu richten, ist überflüssig, denn die Bahnen verkehren tagsüber in so kurzem Takt, daß es zu keinen langen Wartezeiten kommt. Selbst nach Mitternacht sind Sie in den fast leeren Zügen sicher, niemand wird angepöbelt oder gar überfallen. Es gibt keine zerschnittenen Polster und keine wilden Graffiti. In den späten Nachtstunden stellen die U-Bahnen den Verkehr ein. Nachtschwärmer sollten sich informieren, wann der letzte Zug geht – oder der erste frühmorgens.

Wer weiter fährt, als es der Fahrschein zuläßt, legt beim Verlassen des Bahnsteigs dem Kontrolleur den Differenzbetrag hin, ohne Diskussion, ohne Mehrgebühr. Die U-Bahn-Verwaltung unterstellt nämlich ihren Gästen, daß sie nicht mogeln, sondern sich allenfalls irren. Woraus zu ersehen ist, daß Sie auch unter der Erde in Japan einiges über seine Bewohner lernen können.

Von den weltbekannten Fotos, auf denen stramme Männer mit weißen Handschuhen die Menschenmassen in hoffnungslos überfüllte Wagen drücken, sollten Sie sich nicht abschrecken lassen. Dieses Gedränge ereignet sich zweimal täglich – morgens zu Arbeitsbeginn und noch einmal nach Feierabend – nur auf einigen wenigen Umsteigebahnhöfen. Wer es sich leisten kann, sollte »antizyklisch« fahren, also die Rush-hour meiden, und wird fast immer einen Sitzplatz finden.

Typisch für Japans *Eisenbahnen* ist, daß sie auf die Sekunde genau abfahren und ankommen, und das Angenehme an ihnen ist, daß sich die Türen auf der Höhe des Bahnsteigs öffnen, mithin dem Reisenden das mühevolle Erklimmen des Wagens ersparen. Die erste Klasse, »Green Car« genannt, vermeidet dezent den Begriff »Klasse« und ist an außen aufgemalten großen grünen Kleeblättern zu erkennen. Hat ein zuschlagpflichtiger Zug mindestens zwei Stunden Verspätung, wird den Kunden auf Antrag der Zuschlag erstattet. Die Japaner waren die ersten, die superschnelle Züge bauten. Ob eine solche technische Meisterleistung heute noch zu realisieren wäre, ist fraglich, denn in einer der dichtestbesiedelten Landschaften der Erde donnert der »Hikari« kilometerlang auf Stelzen über Wohngebiete hinweg – für die Menschen, die daneben oder gar darunter leben müssen, eine unerträgliche Belastung. Bei Erdbeben werden, sobald die Schienenstränge in Bewegung geraten, alle superschnellen Züge automatisch abgebremst.

Neben der Reichsbahn existieren mehrere private Linien. Das hat zur Folge, daß in Tokio keineswegs alle wichtigen Züge vom Hauptbahnhof abgehen. Zum Berg Fuji beispielsweise beginnt die Reise mit einer Privatbahn im Stadtteil Shinjuku, und wer die Schreine und Tempel von Nikko besuchen möchte, startet im Bahnhof einer Privatlinie im Vorort Asakusa.

Perfekt organisiert ist natürlich auch der *Flugverkehr*, dessen Vorzüge in einem Inselstaat auf der Hand liegen. Reisen, die vor Jahrzehnten mit Fährschiffen und auf dem Landweg über die vielen Berge hinweg oft Tage in Anspruch nahmen, lassen sich heutzutage in Minuten bewältigen. Selbst relativ kleine und abgelegene Städte und Inseln sind in ein dichtes Flugnetz einbezogen.

Schlechtes muß allein vom *Straßennetz* berichtet werden. Die wenigen, auf die Ballungszentren beschränkten Autobahnen täuschen darüber hinweg, daß man in Japan sein Auto, vor allem bei längeren Reisen, am besten zu Hause läßt. Die Natur ist autofeindlich. In den wenigen Ebenen, in denen sich die Bevölkerung wie kaum anderswo auf dem Globus zusammendrängt, fehlt es an Raum für großzügige Straßen und breite Parkflächen. Eine Autofahrt durch die gebirgige Provinz entwickelt sich allzuoft zu einer Kriechtour auf engen, kurvenreichen Straßen zwischen nie endenden Reihen von Holzhäusern, durch Wohnbezirke und Ladenviertel hindurch, die meistens keine Bürgersteige haben, ständig auf der Hut vor Kindern und Radfahrern, eingeklemmt zwischen Lastwagen, am Überholen von einem nicht abreißenden Gegenverkehr gehindert und angewiesen auf spärliche Straßenschilder, die nur japanisch beschriftet sind. Womit die Frage beantwortet ist, ob Sie sich einen Wagen mieten sollten, um gemächlich durch Japan zu bummeln.

Hingegen brauchen Ausländer, die sich auf längere Zeit in Japan niederlassen, für die Fahrt ins Büro oder zu Besorgungen nicht auf ihr Auto zu verzichten, vorausgesetzt, sie können bei ihrer Wohnung einen Parkplatz nachweisen, ohne den die Polizei keine Zulassung ausstellt. Wenn Sie bereits einen ausländischen Führerschein besitzen, müssen Sie sich lediglich einem Sehtest unterziehen, um das japanische Dokument zu erlangen; diese Prüfung geschieht durch Zeigen und Deuten, ohne daß ein Wort Japanisch gesprochen werden muß.

Am Anfang zahlt jeder in dem Gewirr von Straßen, die sich kaum voneinander unterscheiden, Lehrgeld. Einer meiner Kollegen, des häufigen Verfahrens müde, löste das Problem, indem er sich einen kleinen Kompaß neben dem Steuerrad einbaute, so daß er trotz Kurven, Einbahnstraßen und Umleitungen nie die Grundrichtung verlor.

Freunde alkoholischer Getränke sollten ihren Wagen nach einer Zechtour stehenlassen. Die Polizei kontrolliert häufig und streng, und wer erwischt wird, den rettet auch nicht, daß er kein Japanisch versteht (oder Unkenntnis vorspielt), den Führerschein ist er los.

Acht nützliche Hinweise

I.

Es gibt keinen »Fernen Osten«. Ostasiaten schätzen es nicht, wenn ihre Heimat als »Ferner Osten« bezeichnet wird. Fern von was? Von Europa als dem Zentrum der Welt? Kein Japaner käme auf die Idee, eine Reise nach Mitteleuropa als Besuch im »Fernen Westen« zu apostrophieren. Was den Alten der Ferne Osten war, heißt heute Ostasien.

2.

Japanische Familiennamen bringen westliche Ausländer leicht ins Stolpern. In ganz Ostasien werden die Familiennamen den Vornamen vorangestellt. Chinas Revolutionsführer war Herr Mao, dessen beide Vornamen Ze und Dong zusammengezogen dem Familiennamen folgten: Mao Zedong. Diese Regel gilt auch in Japan; dessen berühmtester Filmregisseur Kurosawa Akira heißt Herr Kurosawa, mit dem Vornamen Akira. Weil aber im Westen (Bayern ausgenommen) der Vorname dem Nachnamen vorangeht, wie schon seine Bezeichnung besagt, folgen die Japaner (im Gegensatz zu Chinesen und Koreanern) in ihren Beziehungen zum Ausland westlichen Gepflogenheiten, deshalb kennen die Europäer

Japans Regiegenie als Akira Kurosawa. Die Tücke liegt darin, daß der Ausländer einem japanischen Namen in der Regel nicht ansieht, ob es sich um einen Vor- oder einen Nachnamen handelt, und folglich sind Mißverständnisse unausweichlich. Wer seiner Sache nicht sicher ist, sollte unbefangen sein Gegenüber nach dem Nachnamen fragen.

Ostasiaten wenden gelegentlich ihre Praxis auf westliche Namen an, so war in den Tagen der deutschen Wiedervereinigung in kleineren Zeitungen vom Bonner Bundeskanzler Helmut die Rede. (Aber auch deutsche Nachrichtenredakteure verirren sich in den ostasiatischen Geflogenheiten und vermelden dann selbst im öffentlich-rechtlichen Fernsehen die Ankunft des »chinesischen Staatspräsidenten Zemin« in Berlin, als verkehrten sie mit dem ehrwürdigen Herrn JIANG, der seinem Familiennamen den Vornamen Zemin anfügt, per Du.)

3.

Japaner sind hilfsbereit: Fremde sollen ihr Land in bester Erinnerung behalten. Wenn Sie sich in einer Großstadt verirren, sich in einer riesigen U-Bahn-Station nicht zurechtfinden, Hinweisschilder nicht entziffern können, dann sollten Sie auf keinen Fall den erfahrenen Weltmann spielen, weil man Sie unweigerlich Ihrem Schicksal überlassen wird. Wem dagegen Unsicherheit, Verwirrung, Ängstlichkeit anzusehen sind, dem wird sich bald eine besorgte Japanerin oder ein Japaner nähern und zurückhaltend höflich auf englisch *May I help you?* fragen. Hilfe winkt, sobald Sie in Miene und Gesten Ratlosigkeit zu erkennen geben. Haben Sie sich im Dschungel einer Großstadt verlaufen, müssen Sie also nicht, wie in anderen Regionen der Erde, um Ihre Brieftasche oder gar um Ihr Leben fürchten. Wenn sich Ihnen Japaner nähern, dann nur, um zu helfen.

4.

Visitenkarten machen Leute. Lassen Sie sich unbedingt Visitenkarten drucken, auf der einen Seite in deutsch, besser noch in englisch, auf der anderen in japanisch. Das ist dank der Unterstützung von Fluggesellschaften oder Wirtschaftsverbänden bereits in Deutschland möglich. Wer meint, er käme ohne Visitenkarten bei der Anknüpfung von Kontakten aus, der kann ebensogut beim dunklen Anzug auf die Krawatte verzichten. Der Austausch von Visitenkarten erleichtert nämlich nicht nur, die zahlreichen Menschen, denen man zum erstenmal begegnet, auseinanderzuhalten, er ermöglicht den Japanern zugleich die hierarchische Einordnung eines Fremden. Japans Gesellschaftsordnung wirkt nur an der Oberfläche egalitär. Ob es sich um gesellschaftlich Höherstehende, Gleichrangige oder Untergeordnete handelt, um Nahestehende oder lose Bekannte, um Ältere oder Jüngere, Männer oder Frauen oder Kinder, Professoren oder Handwerker, jeder nimmt in der Sozialordnung einen bestimmten Platz ein und hat damit Anspruch auf bestimmte Anrede- und Höflichkeitsformen.

Europäer machen sich kaum eine Vorstellung von der Vielzahl der Bezeichnungen, Verben und grammatikalischen Konstruktionen, mit denen Japaner subtile gesellschaftliche Abstufungen und Differenzierungen auszudrücken vermögen. Tritt ihnen nun ein völlig Fremder entgegen, wissen sie oft nicht, wie sie mit ihm umgehen sollen, ja selbst die Anrede kann zweifelhaft sein, wenn man den Status seines Gegenübers nicht kennt. Greift man zu hoch, macht man sich lächerlich, greift man zu tief, sind Verletzungen nicht auszuschließen.

Visitenkarten sind im alltäglichen Miteinander der Japaner außerordentlich nützlich, verraten sie doch, ob einer Abteilungsleiter in einer kleinen Firma oder einem weltberühmten Unternehmen ist, ob er als Lehrer unterrichtet oder als Professor an einer mittelmäßigen oder namhaften Universität lehrt, ob er Fische verkauft oder mit Aktien handelt. Und damit ist auch klar, wie ein solcher Gast zu plazieren ist, welche Anrede ihm zukommt, wieviel Respekt ihm gebührt. Visitenkarten erleichtern in erster Linie den gesellschaftlichen Umgang der Japaner miteinander, sie wurden keineswegs für Kontakte zu Ausländern erfunden, doch erfüllen sie gegenüber Besuchern aus Übersee denselben nützlichen Zweck. Visitenkarten müssen also sein, mit Titel und Berufsbezeichnung.

5.

Trinkgelder sind in Japan nicht üblich, weder für Taxifahrer noch für Hotelboys, Kellnerinnen oder Fremdenführer. Wenn sie akzeptiert werden, geschieht dies mehr aus Höflichkeit Fremden gegenüber. Die Gehälter im Dienstleistungsgewerbe sind hierzulande so berechnet, daß sie nicht durch Trinkgelder aufgestockt werden müssen.

Deshalb geben Japaner in ihrem Heimatland keine Trinkgelder, und Ausländer, die der Landessitte folgen, verhalten sich angemessen und korrekt. Sollte sich jemand ganz besonders um Sie kümmern, zum Beispiel tagelang für Sie als Dolmetscher arbeiten, machen Sie ihm oder ihr neben dem vereinbarten Honorar mit einem Geschenk mehr Freude als mit barer Münze.

6.

Man zählt Geld nicht nach. Sollten Sie einen Lieferanten in bar bezahlen oder sollte Ihr Vermieter die Mieten in bar abholen (beides ist in Japan noch weit verbreitet), dann übergeben Sie ihm die Summe, genau abgezählt, diskret in einem Umschlag. Er wird nicht nachzählen, ob der Betrag auch stimmt, denn jede Überprüfung würde unterstellen, daß Sie sich – womöglich sogar absichtlich! – verzählen könnten.

Geld galt in Japans Feudalgesellschaft als etwas Unreines. Als Samurai sprach man darüber nicht. Weil es aber in einer modernen Gesellschaft nicht ohne Geld geht, nahmen ihm die Japaner wenigstens teilweise diesen Makel, indem sie dem Wort für Geld, *kane*, ein reinigendes *o* voransetzten, so daß man heute von *okane* spricht. Trotzdem hat es seine frühere Anrüchigkeit nicht ganz verloren, weshalb man größere Barsummen in eigens dafür vorgesehene Umschläge steckt. Einem anderen einfach schmutzige Geldscheine in die Hand zu drücken, zeugt von schlechten Manieren. Dieselbe Einstellung verbietet es, fixe Summen in Anwesenheit des Zahlenden nachzuzählen. Auch Wechselgeld bei einer größeren Restau-

rantrechnung, das immer in einem Schälchen überreicht
wird, sollten Sie in Anwesenheit des Kellners nicht kontrollieren. Gehen Sie ruhig davon aus, daß die Summe
vor der Auszahlung genau überprüft wurde und daß kein
Kellner versuchen würde, Ihre Unerfahrenheit im Umgang mit einer fremden Währung zu seinem Vorteil auszunutzen. In der alten Sowjetunion hieß es, Kontrolle
sei besser als Vertrauen. In Japan setzt man auf Vertrauen.

7.

Vorsicht Linksverkehr! Die Warnung kann nicht oft genug
wiederholt werden: Auf Japans Straßen herrscht Linksverkehr. Dies bedeutet für Besucher aus Mitteleuropa
erhöhte Gefahr. Wenn Sie, vom Bürgersteig auf die
Straße tretend, gewohnheitsmäßig zunächst nach links
schauen, kann es bereits zu spät sein, denn die Autos
kommen hierzulande von rechts herangeschossen.

Im dichten Verkehr geraten Sie kaum in Versuchung,
aus dem Fahrzeugstrom, in dem Sie treiben, auszusche-
ren. Gefährlich wird es auf nächtlich leeren Straßen,
dann bedarf es besonderer Konzentration, stur auf der
linken Spur zu bleiben.

8.

Beamte haben immer recht. Japans Beamte gehen davon
aus, daß sie am besten wissen, was dem Bürger nützt –
und die meisten Bürger respektieren diesen Anspruch.

Behandeln Sie folglich Beamte nicht gleichrangig oder gar herablassend-überlegen, sondern schlüpfen Sie in die Rolle des Untertanen. Um so zügiger wird Ihr Fall bearbeitet. Nach einer weitverbreiteten Praxis stellen viele Japaner erst dann Anträge bei den Ämtern, wenn vorher auf inoffizielle Weise geklärt ist, daß die Gesuche auch genehmigt werden. Auf diese Weise werden Ablehnungen weitgehend vermieden und bleibt der soziale Friede gewahrt.

Alles hat seine Ordnung. Beamte wenden ihre Vorschriften penibel und korrekt an, leider mehr den Buchstaben als dem Sinne nach. Sollte Ihr Fall in den Paragraphen oder Präzedenzfällen nicht vorgesehen sein, würden Ihnen auch (japanische) Engelszungen nicht helfen. Die Beherzigung dieser Erfahrung kann Ihnen Frustrationen und Erschöpfungszustände ersparen. Der Ermessensspielraum japanischer Beamter ist minimal. Nicht böser Wille blockiert Großzügigkeit. Sie sind in der Sorge erzogen, daß jede Abweichung neue Präzedenzfälle zu schaffen geeignet ist, auf die sich später andere Bürger berufen könnten – mit unabsehbaren Folgen. Unbürokratisches, souveränes Abwägen ist nicht japanische Beamtenart. Zur bürokratischen Ordnung gehört, daß keine Akten verlorengehen und daß nichts in Vergessenheit gerät.

Halten Sie unbedingt die Vorschriften ein! Ihnen selbst mag es nicht als Staatsaffäre erscheinen, ein Visum um einen Tag zu überziehen oder Ihre Adresse in Tokio nach einem Umzug innerhalb der Stadt nicht bis zum genau festgelegten Zeitpunkt dem Einwohnermeldeamt mitzuteilen, doch sollten Sie gegen eine solcher Regeln verstoßen, werden Sie leider das ansonsten so gastfreundliche Japan in schlimmer Erinnerung behalten. Man wird Sie zur Polizei einbestellen – wenn die Beamten Sie nicht gleich wie einen Verbrecher aus Ihrer Wohnung holen – und Sie dann stundenlang und manchmal tagelang aufs peinlichste verhören, ob Sie als Frau schon einmal als Prostituierte gearbeitet haben, ob Ihre Eltern im Ausland leben und woraus deren Einkommen besteht und wo Sie Ihren Ehepartner kennengelernt haben. In Wahrheit geht es dem Vernehmer gar nicht um all diese Informationen. Er will Ihnen nur einen gehörigen Schreck einjagen, damit Sie künftig nie mehr die pedantische Befolgung aller Vorschriften auf die leichte Schulter nehmen, und dieser Zweck wird voll erreicht. Nachdem Sie einen formellen Entschuldigungsbrief geschrieben haben, den berüchtigten *letter of apology,* dessen Wortlaut Ihnen der Beamte meist schon vorgibt, werden Sie endlich entlassen, übrigens ohne eine Geldbuße zahlen zu müssen. Die wäre wahrscheinlich in Europa fällig geworden, hätte Ihnen aber dort zugleich die erniedrigende Lektion erspart.

Versuchen Sie es unter keinen Umständen mit einer »krummen Tour«. In anderen Ländern mag ein diskret in den Paß gefalteter Geldschein Wunder wirken. In Japan könnte er Sie an den Rand einer Katastrophe führen. Nicht daß es in Japan keine Korruption gäbe, doch die findet in Höhen und Kreisen statt – vor allem in der Politik –, zu denen Ihnen der Zugang fehlt und wo Sie auch wegen der Größenordnungen nicht mithalten könnten. (Als im Frühjahr 1993 die graue Eminenz der regierenden Liberaldemokraten, Shin Kanemaru, nach mancherlei Vertuschungsversuchen wegen Korruption ins Gefängnis mußte, beschlagnahmte die Staatsanwaltschaft in seinen Büros Gold und Wertpapiere für umgerechnet 35 Millionen Euro.) Je kleiner die Beamten, desto unbestechlicher ihr Verhalten.

Es empfiehlt sich, im Umgang mit japanischen Behörden kein Japanisch zu sprechen, selbst wenn Sie diese schwierige Sprache perfekt oder in Bruchstücken beherrschen. Diese Empfehlung gilt bereits für die Zöllner bei der Einreise. Klüger ist es, unter Selbstüberwindung den Dummen zu spielen. Die meisten Beamten sprechen nur Japanisch und sind deshalb froh, wenn ein Ausländer ohne Komplikationen ihre Hürde passiert. Um so mehr Fragen haben sie dann an jene Ankömmlinge, mit denen sie sich verständigen können.

Sprachkenntnisse helfen nicht, sie verzögern nur die Abfertigung. Diese Regel gilt allgemein für den Umgang mit der japanischen Bürokratie. Wiederholt hat sich gezeigt, daß es in komplizierten Fällen besser ist, als sprachunkundiger Ausländer ein Amt zu besuchen, statt einen japanischen Mitarbeiter oder Freund zu bitten einzuspringen. Bei einem sprach- und verständnislosen Ausländer geht mancher Beamte bis an die äußerste Grenze seiner Kompetenzen, während einem Japaner kein Formular und kein Stempel erspart bleiben.

Japaner sind anders

Unter den Ausländern in Tokio kursiert die Geschichte von einem amerikanischen Professor, der nach Japan gekommen war, um hier einen wissenschaftlichen Vortrag zu halten. Heimischer Gepflogenheit folgend, begann der Professor sein Referat mit einer witzigen Einleitung, die leider völlig mißriet. Erst verhedderte er sich, und zum Schluß verpatzte er auch noch die Pointe. Danach übersetzte der japanische Dolmetscher die verunglückte Einleitung in einem einzigen kurzen Satz, worauf das Auditorium in schallendes Gelächter ausbrach.

Nach dem Ende der Veranstaltung, als sich die Zuhörer auf den Heimweg machten, bedankte sich der Redner beim Dolmetscher, weil der ihm so elegant aus der Verlegenheit geholfen habe. »Ach wissen Sie«, meinte der Japaner etwas verlegen, »ich habe einfach gesagt: Unser amerikanischer Gast hat eine Geschichte erzählt, die er für sehr komisch hält, und nun erwartet er, daß wir alle in schallendes Gelächter ausbrechen.«

Wer über die nationalen Eigenschaften eines fremden Volkes schreibt, über seine besonderen Wertvorstellungen und seine unterschiedlichen Verhaltensweisen, tut das mit einem schlechten Gewissen. Jede Charakterisierung eines fremden Volkes bedeutet Generalisierung, Grobzeichnung, und ist damit zum Teil unrichtig. Kein Volk läßt sich über einen Kamm scheren, kein einzelner Bürger repräsentiert all jene Eigenschaften und Wertvorstellungen, die seinem Volk als Ganzes zugeschrieben werden.

Von einer Welt, in der alle Menschen gleich wären, in dem Sinne, daß sich alle nationalen Unterschiede abgeschliffen hätten, ist die Gegenwart weit entfernt, und wahrscheinlich wird sie diesen Zustand nie erreichen. Völker sind, wie Einzelmenschen, ausgeprägte Persönlichkeiten, mögen sich auch innerhalb eines Volkes zahlreiche individuelle Ausnahmen von dem spezifischen nationalen Charakterbild finden.

Im Falle Japans ist es besonders wichtig, das Gefälle zwischen Regel und Ausnahme nicht aus den Augen zu verlieren, zumal Ausländer häufiger mit den Ausnahmen als mit der Regel konfrontiert werden. Japanische Mitarbeiter ausländischer Unternehmen, das Personal der internationalen Hotels, der Reisebüros und Fluggesellschaften, die hohen Beamten der Ministerien, die für Auslandsgeschäfte und Pressebetreuung zuständigen Firmenmanager, sie alle sind darin ausgebildet, und daran gewöhnt, mit Fremden umzugehen, stellen aber unter ihren 125 Millionen Landsleuten eine winzige Minderheit dar. Die große Mehrheit kommt mit Fremden nie in engeren Kontakt.

Bei allen Vorbehalten gegen Generalisierungen läßt sich nicht leugnen, daß die meisten Japaner Verhaltensweisen praktizieren und Wertvorstellungen pflegen, die sich von denen des Westens gründlich unterscheiden. Das macht sie weder besser noch schlechter. Denn jede positive oder negative Bewertung setzt voraus, daß der Betrachter seinen eigenen Standpunkt zum objektiven Maß aller Dinge erhebt. Dazu hat niemand ein Recht. Immer wieder werden die Beziehungen zwischen den Völkern belastet, weil Menschen es nicht lassen können, Unterschiede moralisch zu qualifizieren. Übersehen wird dabei, daß die wertfreie Kenntnis solcher Unterschiede und ihrer Ursprünge erst jene solide Basis bildet, auf der man sich über alle Differenzierungen hinweg verständigen und einigen kann. Toleranz hat sich stets als die tragfähigste Brücke in den zwischenmenschlichen Beziehungen erwiesen. Dieser Vorwarnung eingedenk, möchte ich die folgenden Beobachtungen verstanden wissen.

Die Gruppe
oder
Auf herausstehende Nägel wird eingehämmert

Individualisten haben es in Japan schwer. Im sozialen Gewebe des Inselstaates finden sie kaum Halt. Im Gegenteil, sie fallen durch die Maschen. Was der Westen als Ideal vergöttert, die ausgeprägte Einzelpersönlichkeit, die sich betont von der Mehrheit abhebt, die ihre Überzeugungen klar und entschieden vertritt, flößt den Japanern Unbehagen ein. Nicht Selbstverwirklichung im westlichen Sinne gilt als Ziel menschlichen Strebens, nicht die Schaffung eines möglichst großen, rechtlich abgesicherten Freiheitsraumes, sondern die harmonische Einordnung des einzelnen, das reibungslose Miteinander-Zurechtkommen. Respektiert wird in Japan nicht, wer sich abhebt und unterscheidet, sondern wer sich anpaßt und einfügt. Familie, Erziehung, Beruf, sie alle konditionieren Japanerinnen und Japaner für ihre wichtigste soziale Aufgabe, beizutragen zur Harmonie der Gruppe, in der sie sich bewegen. Auf herausstehende Nägel wird eingehämmert, sagt ein japanisches Sprichwort – bis sie völlig im Holz verschwinden oder abbrechen.

Das überlieferte, mit Strohmatten ausgelegte Holzhaus, das immer noch in den Vororten dominiert und in dem weiterhin die Mehrheit der Landbevölkerung lebt, läßt Individualität gar nicht aufkommen. Dünne Wände tragen jedes Geräusch nach draußen. Da sich wegen Platzmangels die kleinen Häuser zumeist Wand an Wand drücken, nimmt die Nachbarschaft an jedem lauten Wort teil. Innerhalb eines Hauses trennen dünne, oft verschiebbare Wände die einzelnen Räume, so daß jedes Familienmitglied gar nicht umhin kommt, alle Aktivitäten der anderen wahrzunehmen.

Japanische Babys bleiben ihrer Mutter lange, auch körperlich, eng verbunden. Kaum jemand denkt daran, sie möglichst rasch in einem eigenen Zimmer ans Alleinsein zu gewöhnen. Oft trägt die Mutter sie monatelang in einem Gurt auf dem Rücken umher, bei der Hausarbeit und beim Einkaufen. Jahrelang schlafen die Kleinen nahe bei den Eltern, so daß sich von Anfang an ein Gefühl dazuzugehören, dabeizusein herausbildet.

Das Bedürfnis nach einer Intimsphäre bleibt unterentwickelt, was Ausländer in Japan immer wieder und oft belustigt registrieren. Beispiele gibt es in Fülle: die Männergruppe im Flughafen, die sich vor aller Welt in der Abflughalle bis auf die halblangen Unterhosen auszieht und für die Rückkehr nach Tokio ihre lässig-bunte

Touristenkleidung gegen dunkle Anzüge und Krawatten austauscht, die Taxifahrer in den Großstädten, die, allen Umerziehungsbemühungen zum Trotz, bevor sie neue Kunden aufnehmen, rasch an eine Hauswand urinieren, die Damentoiletten, die in der Provinz häufig nur durch die Herrentoiletten zu erreichen sind, die freistehenden öffentlichen Telefone, bei denen auch Unbeteiligte mithören können, die japanischen Hotels, in denen abends die Zimmertüren offenstehen, damit sich die Mitglieder von Reisegruppen ungezwungen treffen können, und auf deren Fluren es wie auf einem Marktplatz zugeht, die Praxisräume von Ärzten, in denen, nur symbolisch getrennt, mehrere Patienten zugleich behandelt werden – kein echter Japaner findet das ungewöhnlich.

Wieviel Überredungskunst kostete in Europa, wo man die »eigenen vier Wände« schätzt, die Einführung der Großraumbüros! Japaner arbeiten gerne in großen Räumen zusammen, in engen Einzelzimmern würden die meisten leiden wie in Gefängniszellen.

Wahrscheinlich entwickelten sich die Notwendigkeit und das Bedürfnis, in Gruppen zu leben, bereits in der Frühzeit japanischer Geschichte, mit Einführung der Reiskultur. Der Anbau von Reis erfordert viel Wasser und setzt im bergigen Japan umfangreiche und komplizierte Bewässerungsanlagen voraus. Das Anlegen von Reisterrassen, der Bau und die Pflege der künstlichen Kanäle und Schleusen zwingen ein Dorf zu ununterbrochener gemeinsamer Anstrengung, während etwa die Jagd, wie sie die Germanen und Indianer betrieben, vorwiegend den Mut und das Geschick des einzelnen belohnen. Reisdörfer bilden engere Schicksalsgemeinschaften als die Siedlungen der Jäger. Die moderne Industriegesellschaft hat auf diesem Urbedürfnis, in Gruppen zusammenzuwirken, erfolgreich aufgebaut.

Japans bedeutendste Soziologin Chie Nakane hat beschrieben, daß die innerjapanische Gesellschaftsordnung auf der Unterscheidung von drinnen und draußen basiert. Drinnen (*uchi*) bezeichnet diejenigen, die zusammengehören, gemeinsam eine Gruppe bilden, also Familie, Schulklasse, Betriebsgemeinschaft. Draußen (*soto*) stehen die Fremden. Innerhalb der Gruppe gelten feste Regeln und klare Pflichten: Jeder weiß nicht nur, woran er ist, sondern auch, daß und wie weit er sich auf die Gruppenmitglieder verlassen kann. Auch die, von einer Gruppe her betrachtet, Draußenstehenden gehören selbstverständlich ähnlichen Gruppen an, anderen Familien, anderen Dorfgemeinschaften, anderen Betrieben. Während nun jede einzelne Gruppe in meist lebenslanger Loyalität zusammengebunden wird, hält sie zugleich alle fremden Gruppen möglichst auf Distanz. Der eigenen Gruppe zu dienen gilt als soziales Ideal. Einer fremden Gruppe schuldet man nichts, sie bleibt draußen, auch außerhalb der Normen.

Ein Reisender ist ohne Schuld, lautet ein japanisches Sprichwort und besagt, daß unter Fremden vieles erlaubt ist, was sich zu Hause verbietet. Die Verhaltensregeln innerhalb einer Gruppe werden nicht auf die Außenbeziehungen übertragen (wohlgemerkt: auf die Beziehungen zu anderen *japanischen* Gruppen). Diese soziale Vorstellung gipfelt in der Idee vom japanischen Volk als der höchsten Gruppe, der einzigen, der alle Japaner angehören. Ihr Symbol fand und findet diese umfassende Gemeinschaft im Kaiser. Allerdings verwirklicht sich das Volk als höchste Gruppe vorwiegend in der Abgrenzung nach draußen, also von anderen Völkern, und nicht in einer umfassenden innerjapanischen Solidarität. Wer als Gruppenmitglied (einer Schule, einer Gemeinde, einer Firma) von äußeren Ereignissen nicht direkt betroffen ist, wird kaum aktiv. Deshalb wunderten sich nur Ausländer, daß nach der Beinahe-Katastrophe im Atomkraftwerk Tokai Mura 1999, nach einem kurzen Strohfeuer der Medien, kein Aufschrei des Entsetzens ganz Japan vereinte, daß es zu keiner einzigen Riesendemonstration kam. Wer nicht im Schatten der Atomfabrik lebte, blieb unbeteiligt.

Die Konsequenz der Überlegungen von Chie Nakane für Japans internationale Beziehungen liegt auf der Hand. Das Ausland bleibt *soto*, eine fremde, separate Welt, auf welche die innerjapanischen Normen nicht anwendbar sind. Über Japan hinaus existiert nach überlieferten Vorstellungen keine übergreifende Gruppe mehr, in der Japan aufgehen könnte wie eine Familie in einem Dorf. Das Ideal einer *family of man*, von der Menschheit als weltweiter Schicksalsgemeinschaft, ist den meisten Japanern nach wie vor fremd. Ausländer sind ihnen willkommene Geschäftspartner, sie sehen in ihnen kluge Lehrer, begnadete Künstler, neugierige Touristen, exotische Wilde, vieles, doch am wenigsten Mitmenschen. Selbst Japaner, die jahrelang im Ausland lebten, gelten vielen Landsleuten als »kulturell verdorben« und bleiben suspekt. Deshalb kann es nicht überraschen, daß Organisationen wie Amnesty International in Japan kaum Resonanz finden, daß die Aufforderung des iranischen Ayatollah Khomeini, den englischen Schriftsteller indischer Abstammung Salman Rushdie zu töten, Japans intellektuelle Öffentlichkeit unbeteiligt ließ.

Japans Verfassung kennt kein Asylrecht. Wann immer eine der Katastrophen Flüchtlinge an Japans Ufer treibt, sind die Behörden eifrigst bemüht, diese geschundenen Menschen so rasch wie möglich abzuschieben, am besten nach Amerika. Wenn Menschen draußen in Not geraten, fühlen sich die meisten Japaner nicht angesprochen. Die christliche Botschaft, in jedem Menschen den Bruder und die Schwester zu sehen, erweist sich bei dieser Betrachtung als der wahrscheinlich wichtigste Beitrag des Abendlandes zur Weltkultur.

Jeder Japaner sieht sich in mehrere Gruppen von unterschiedlicher Größe und Bedeutung eingebunden. Anzumerken bleibt, daß die japanische Familie, etwa im Vergleich zur europäischen, weniger stark durch Blutsbande, dafür um so fester als wirksame Lebensgemeinschaft zusammengehalten wird. Zu Kindern und Geschwistern in der Ferne lockern sich häufig die Bindungen. Wer andererseits als Fremder in einen Haushalt aufgenommen wird, als Geselle oder Geschäftspartner, braucht nicht unbedingt einzuheiraten, er kann auch adoptiert werden, um fortan den Status eines völlig gleichberechtigten Familienmitglieds zu genießen. Berühmte Künstlerfamilien haben durch die Adoption begabter junger Männer Namen und Traditionen über Jahrhunderte bewahrt.

Ein Singledasein, in Amerika und Europa gegenwärtig als Ideal verklärt, erscheint den meisten Japanern als Greuel. Wer möchte schon sein Leben allein verbringen? In keiner anderen modernen Industriegesellschaft gibt es so wenige unverheiratete, alleinerziehende Mütter. Unter den wenigen Singles in Japan sind junge Frauen, der Not gehorchend, in der Überzahl, weil in der Regel nur ungebundene strebsame Japanerinnen Karriere machen können. Heiraten zwischen gleichgeschlechtlichen Partnern und die Anerkennung nichtehelicher Lebensgemeinschaften sind keine japanischen Themen (ebensowenig chinesische oder koreanische).

Die erste Gruppe, in die junge Leute eintreten, die Schule, wird bereits als lebenslange Einbindung empfunden; ihren Verpflichtungen kann sich auch später niemand entziehen. Bereitwillig tragen die Schülerinnen und Schüler der zahlreichen Privatschulen die nach innen Zusammenhalt und nach außen Abgrenzung signalisierenden Schuluniformen. In den öffentlichen Schulen, die keine Einheitskleidung mehr kennen, werden die Länge der Röcke und die der Hosenbeine, der Haarschnitt und selbst die Farben der Haarschleifen vorgeschrieben. Und am Ende des Unterrichts reinigen Schülerinnen und Schüler noch immer ihre Klassenräume selbst.

Doch der Widerstand gegen solche Reglementierungen wächst, zumal unter den Nachdenklichen und Stillen. Sie werden häufig von Mitschülern gequält (es sei an das Sprichwort von den herausstehenden Nägeln erinnert). Etwa 30 000 Fälle schwerer Schikanen, für die sich eine eigene Bezeichnung (*ijime*) eingebürgert hat, registrierte das Erziehungsministerium vor wenigen Jahren, die tatsächliche Zahl dürfte weit höher liegen. Etliche der terrorisierten Mädchen und Jungen nehmen sich alljährlich aus Verzweiflung das Leben. Dann empört sich die Öffentlichkeit, und der Amtsschimmel setzt sich in Trab. Doch an der Hauptursache, der völlig auf die Gruppe ausgerichteten und Individualität unterdrückenden sozialen Struktur, wird nicht gerüttelt.

Die Mehrzahl hält sich an die Regeln. Jugendfreunde

findet man ausschließlich unter Klassenkameraden, fast nie außerhalb der eigenen Schule. Allein aus der Tatsache, daß man jahrelang miteinander die Schulbank gedrückt hat, erwächst im späteren Leben die Berechtigung, einen erfolgreichen Mitschüler um eine Empfehlung bei der Arbeitssuche oder um materielle Hilfe in einer Notlage zu bitten. Wenn ein alter Schulkamerad eine Autofirma betreibt, kauft man bei ihm seinen Wagen, ungeachtet der billigeren Konkurrenz.

Japaner betonen ihre Gruppenzugehörigkeit gerne durch Anstecknadeln oder identische Kleidung. Jeder Reichstagsabgeordnete trägt am Revers eine kleine Chrysantheme, das kaiserliche Wappen.

Alle Gruppen, mögen sie sich im einzelnen noch so unterscheiden, verfolgen dasselbe Ziel, die Erhaltung der Harmonie zwischen ihren Mitgliedern. Die Bereitschaft zur Zusammenarbeit und die Bereitwilligkeit zurückzustecken, sich einzufügen, genießen höheren Wert als Originalität, Standfestigkeit und Prinzipientreue. Mit welcher Behutsamkeit Japaner die Erhaltung der Harmonie – eines der Schlüsselworte zum Verständnis sozialer Zusammenhänge in ihrem Lande – anstreben, demonstrieren sie in ungezwungener Unterhaltung.

Strittige Themen sind verpönt. Werturteile, kritische Aussagen werden vermieden. Europäer lieben den intellektuellen Dialog, in dem die Argumente hin- und herfliegen wie Pingpongbälle, blitzschnell, genau gezielt, treffsicher. Wo Japaner gesellig zusammensitzen, wird selten kontrovers diskutiert oder gar aus Lust gestritten. Worte haben hier den Sinn, eine Atmosphäre der Zufriedenheit, ein Gefühl der Ausgeglichenheit, des Wohlbefindens herzustellen. Es werden Erinnerungen beschworen, zu vorgerückter Stunde wird gesungen, *karaoke* vorzugsweise, also zu einer Orchesterkonserve, wichtig ist allein, unter seinesgleichen zu sein. Nie wird eine Bürobelegschaft auf einem Nachtbummel einen betrunkenen Kollegen sich selbst überlassen. Mit geradezu liebevoller Fürsorge wird er gestützt, betreut und einem Taxifahrer anvertraut.

Jede Gruppe funktioniert nach ureigenen Regeln. In der Studienzeit ist ein relativ ungebundenes Leben erlaubt. Studenten dürfen ausgefranste Jeans tragen und lockere Reden führen. Ein Firmenneuling hingegen paßt sich widerstandslos den strengeren Normen an, trägt dunkle Anzüge und unauffällige Krawatten und verbeugt sich korrekt vor den diversen Chefs. Man gibt sich also frei, wo das die Regeln gestatten, und ordnet sich ein, wenn dies die Gesellschaft erwartet. Deshalb ist zu vermuten, daß sich soziale Verhaltensweisen in Japan viel langsamer ändern als anderswo. Der Marsch durch die Institutionen dauert hierzulande sehr lange, weil radikale Ansichten aus der Studienzeit von den meisten ohne Bedenken aufgegeben werden, sobald eine andere Gruppe ein anderes Verhalten gebietet. Wo Anpassung als Ideal gilt, verkümmert der Drang, die Welt zu verändern.

Niemand in einer Gruppe wird rüde überfahren. Harmonie läßt sich nur erreichen, wenn jeder einzelne allen wichtigen Entscheidungen zustimmt. Konsensus – ein zweites Schlüsselwort – ist unverzichtbar. Mehrheitsentscheidungen halten die Japaner, wie die meisten Ostasiaten, für ungerecht. Daß ein Willensakt, den 51 Prozent beschließen, den übrigen 49 Prozent, die ihm ablehnend gegenüberstehen, aufgezwungen werden soll, leuchtet ihnen nicht ein. Sie nennen das ein Diktat der Mehrheit.

Gewiß ist ein breiter Konsensus aller schwerer herzustellen als eine knappe Mehrheit, doch ebenso fest steht, daß Gemeinsamkeit in Japan leichter erreichbar ist als anderswo, denn Japaner sind aufgrund ihres Harmoniebedürfnisses eher bereit, von der eigenen Meinung abzurücken, ja selbst einer Entscheidung, die ihrer Überzeugung zuwiderläuft, um des Ganzen willen zuzustimmen.

Nur langsam bringt die Eigengesetzlichkeit der modernen Industriegesellschaft das überlieferte Gruppengefüge ins Wanken. Auf der Suche nach Arbeitsplätzen und verführt von den Versuchungen der Metropolen, ziehen junge Menschen in die Stadt, in enge Wohnungen, in denen kein Platz für die Eltern bleibt. Als Folge der längsten Wirtschaftskrise der Nachkriegszeit, die in den achtziger Jahren ausbrach und Anfang der neunziger Jahre im Zusammenbruch des spekulativ hochgepeitschten Immobilienmarktes kulminierte, haben viele Unternehmen ihr Personal reduziert und damit manche Hoffnungen fleißiger Studenten auf sichere Arbeitsplätze in renommierten Firmen bitter enttäuscht. Millionen kleiner Einzelhändler finden keine Organisationen, die ihnen Zuflucht bieten, Millionen vereinsamter Hausfrauen, deren Männer in den Firmengemeinschaften aufgehen und deren Kinder von der Schule erschöpfend beansprucht werden, suchen Wirkungschancen in kommunalen oder sozialen Gruppen – oder flüchten in den Alkohol. Junge Leute, die in zunehmender Zahl in die weite Welt reisen, verlangen einen größeren individuellen Freiraum. Von denen, die in keiner Gruppe aufgehoben sind und die nicht wissen, wo sie hingehören, suchen viele ihr Heil bei Erlösung versprechenden Sekten, ein Phänomen, das keineswegs auf Japan beschränkt ist. (Mehr darüber im Kapitel »Sind Japaner religiös?«)

Gleichwohl wäre es verfehlt, ein Ende der für Japan typischen Gruppenstrukturen vorherzusagen. Denn während die Industriegesellschaft zur Auflösung traditioneller Gruppen beiträgt, hat sie zugleich eine neue Kategorie gebildet, die, abgesehen von der Familie, alle anderen an Bedeutung überragt: die Firma als soziale Einheit, als eine Art Großfamilie. (Siehe auch das Kapitel »Von Firmen und ihrem verborgenen Innenleben«.) Außerdem verbringen trotz wachsender Schwierigkeiten zwei Drittel aller Väter und Mütter ihre alten Tage bei einem der Kinder, und zwar gemäß konfuzianischer Tradition vorzugsweise beim ältesten Sohn. Den Schwiegertöchtern bürdet diese Regelung eine schwere Last auf. Jüngere Söhne tun sich deshalb leichter mit der Partnerinnensuche als ihr pflichtbeladener älterer Bruder.

Der Westen zahlt für seine Wertvorstellung der freien Entfaltung des Individuums den Preis der Entfremdung und Vereinsamung. Japans Gesellschaft beschränkt in vieler Hinsicht den persönlichen Spielraum ihrer Mitglieder, die ihre Erfüllung in erster Linie in der Geborgenheit ihrer Gruppen erstreben. Wenn Ostasiaten nach Westen blicken, sehen sie außer dem für sie schwer begreifbaren Höchstmaß an individueller Freiheit tiefdunkle Schattenseiten, wie die Aushöhlung der Familie als Basis menschlicher Existenz, dazu Rauschgiftepidemien, wachsende Kriminalität und die breite Verfügbarkeit von Pornographie. Andererseits zahlen auch die Japaner für ihr Harmoniestreben einen hohen Preis. Denn der Verzicht auf die offene Austragung von Konflikten führt, weil die Öffentliche Meinung als korrektiv ausgeschaltet bleibt, in eine Schattenwelt der faulen Kompromisse, der Mauscheleien, der Korruption und der Erpreßbarkeit, die in Politik und Wirtschaft bislang unausrottbar scheinen.

Treue
oder
Die 47 Ronin leben noch

Jedes japanische Kind lernt die Geschichte von den 47 Ronin, die 1703 ihren Herrn rächten und dafür mit ihrem Leben bezahlten.

Jener Herr Asano, ein tapferer, eher einfacher Landadliger, war am Hofe des Schogun in eine protokollarische Falle getappt, die ihm der Hofbeamte Ritter Kira gestellt hatte. Um seine Ehre zu retten, hatte Ritter Asano gegen jenen sein Schwert gezogen. Da dies im Palast des Schogun als Staatsverbrechen galt, blieb ihm kein Ausweg als der Freitod im rituellen Seppuku (für das sich das ordinäre Wort *harakiri* = Bauchaufschneiden eingebürgert hat). Der Schogun beschlagnahmte Herrn Asanos Rittergut, und dessen Vasallen waren hinfort herrenlose Ritter, Ronin. Diese sannen auf Rache. Für ihr Unterfangen ebenso schwierig wie entscheidend war, den Ritter Kira in Sicherheit zu wiegen. Das erreichten die 47, indem sie ihren ritterlichen Ehrenkodex nach außen hin verrieten – ein für das damalige Japan erschütternder Beweis totaler Verkommenheit.

Sie zogen von einem Bordell ins andere, immer betrunken, gewalttätig, sich mit Strauchdieben herumprügelnd. Einer verkaufte seine Frau als Hure, ein anderer tötete im Streit seinen Schwiegervater, und sie alle ließen – das war die größte Schande – ihre Schwerter verrosten, bis bald jedermann sie verachtete. Doch schließlich, in der Nacht vom 14. Dezember 1703, ein Schneetreiben hatte eingesetzt, während der Ritter Kira und seine Vasallen sich mit heißem Reiswein gegen die Kälte wehrten, schlugen die 47 Ronin zu. Mit jenem Schwert, mit dem sich ihr Herr entleibt hatte, enthaupteten sie Kira; anschließend zogen sie in würdiger Prozession zum Grab von Ritter Asano, um Vollzug zu melden. Nun verstieß aber ihre Rache ebenfalls gegen die Gebote des Schogun, und die Ehre forderte, daß auch sie sich im rituellen Seppuku entleibten.

In der modernen Millionenstadt Tokio, nicht weit vom heutigen Großbahnhof Shinagawa entfernt, befindet sich ein kleiner Schinto-Schrein, der den 47 Ronin geweiht ist. Jedes Jahr am Abend des 14. Dezember drängen sich dort die Menschen um 47 Gräber, auf denen flackernde Öllämpchen bezeugen, daß die Toten nicht vergessen sind.

Vieles hat sich in Japan seit jener Winternacht 1703 geändert. Seit über hundert Jahren gibt es keine Samurai mehr, und das letzte formvollendete Seppuku begingen 1945 einige hohe Militärs, nachdem der Krieg verloren war. Auch wenn es nicht mehr zu den modernen Spielregeln gehört, aus Loyalität das Leben zu opfern, so hat doch die Loyalität in der veränderten Welt ihren hohen Rang als Maßstab menschlicher Bewährung behalten.

Zweimal in den letzten Jahren haben engste Mitarbeiter hoher Politiker ihrem Leben ein Ende gesetzt, damit sie nicht in Korruptionsverfahren gegen ihre Vorgesetzten aussagen mußten.

Das Pflichtgefühl der Japaner ist allgemein stärker ausgeprägt als ihr Bewußtsein von den Rechten, die ihnen die Verfassung heute gewährt. Das Bonner Grundgesetz überschreibt sein erstes Kapitel »Die Grundrechte« und erwähnt die Pflichten in dieser leitmotivischen Ankündigung zunächst nicht. Japans Verfassung beginnt mit einer Beschreibung der Rechtsposition des Kaisers, und erst das dritte Kapitel führt die »Rechte und Pflichten des Volkes« auf; damit wird auf subtile Weise eine Begrenzung dieser Rechte durch die Pflichten markiert und deutlich gemacht, daß jene verfassungsrechtlich garantierten Rechte (und Pflichten) ausschließlich für Japaner und nicht zugleich für in Japan lebende Ausländer gelten. In der Vorstellung der meisten Japaner beanspruchen die Pflichten des einzelnen innerhalb seiner jeweiligen Gruppe Vorrang vor den Rechten. Rechte erwirbt nur, wer seine Pflichten erfüllt, und sie enden dort, wo sie mit den Pflichten in Konflikt geraten. Allein auf diesem Grundkonsens können Gruppen überhaupt existieren, Anpassung und Verzicht sind Voraussetzung für ihr Funktionieren.

Bezeichnend für Japaner ist, daß sie sich zuallererst Menschen verpflichtet fühlen. Abstrakte Normen sind demgegenüber zweitrangig. Besonders deutlich trat dies 1945 bei Japans Kapitulation zutage. Am 15. August jenes Jahres wandte sich der Schowa-Kaiser (Hirohito)*

---

* Nach ihrem Tod werden Japans Kaiser nach dem Leitmotiv benannt, unter das sie ihre Amtszeit stellten. Kaiser Hirohito hatte sich *schowa* (= erleuchteter Friede) gewählt und wird postum als der Schowa-Kaiser bezeichnet. »Kaiser Schowa« wäre falsch, da er zu Lebzeiten den persönlichen Namen Hirohito trug. Japans großer Reformkaiser, der zu

zum erstenmal in der Geschichte direkt, in einer Radio-
ansprache, an seine Untertanen und forderte sie auf, »das
Unerträgliche zu ertragen«. Wenige Tage später landete
auf dem Stützpunkt Atsugi ein amerikanisches Vorauskommando mit dem Auftrag, Quartier für General
Douglas MacArthur zu machen. Jener Vortrupp sah sich
als Himmelfahrtskommando und war auf das Schlimmste
gefaßt. Hatten die Japaner nicht bislang mit Todesverachtung erbarmungslos gegen die Amerikaner ge-
kämpft? Waren nicht, als der Krieg Okinawa erreichte,
ganze Schulklassen mit ihren Lehrern fanatisch und ver-
blendet in den Tod gegangen? Auf dem Weg nach Tokio
erwartete das Vorauskommando hinter jeder Straßen-
ecke einen Überfall, doch nirgendwo lauerten Mörder,
und auch später gab es keinerlei Widerstand, keine Sa-
botage an der amerikanischen Besatzungspolitik. Die
verhetzten, todesmutigen, fanatischen Japaner verwan-

seiner Zeit Mutsuhito hieß, ging als Meiji-Kaiser (*meiji* =
aufgeklärte Herrschaft) in die Geschichte ein. Der gegenwär-
tige Kaiser Akihito wird später einmal Heisei-Kaiser genannt
werden, da er für seine Ära das Motto *heisei* (= umfassender
Friede) gewählt hat.
In diesen Zusammenhang gehört, daß Japaner die Jahre
nicht nur nach der christlichen Zeitrechnung zählen. Daneben benutzen sie weiterhin das einst von China übernommene Gengo-System, das die Zeit in die Herrschaftsperi-
oden der einzelnen Kaiser unterteilt. Mit der Inthronisation
von Kaiser Akihito begann folglich im Frühjahr 1989 *heisei* 1.
Obgleich das Gengo-System im Zuge der demokratischen
Reformen nach dem Zweiten Weltkrieg zunächst abgeschafft worden war, hatte es sich als Brauch erhalten und
wurde später auf Initiative zahlreicher konservativer Gruppen erneut gesetzlich verankert.

delten sich über Nacht in friedliche, harmlose Bürger. Wie war das zu erklären?

Nun, der Kaiser hatte das Volk aufgefordert, die Niederlage zu akzeptieren. Sein Wille geschehe. Das mochte von außen her wie ein Bruch aussehen und entsprach doch nur japanischer Art. Nicht der abstrakte Begriff Vaterland hatte den Kampfgeist der Soldaten im Krieg angespornt, was sie mit Todesverachtung kämpfen ließ, war eher die persönliche Treuepflicht gegenüber dem Kaiser. Sich Menschen verpflichtet zu fühlen, dem Kaiser, dem Feudalherrn, den Mitschülern, den Berufskollegen, verweist absolute moralische, ethische oder rechtliche Postulate auf einen niedrigeren Rang. Gerechtigkeit, Wahrheit, Menschlichkeit, solche Werte erscheinen den meisten Japanern vager und blasser als das Gebot der Treue.

Selbstverständlich trug auch die Erschöpfung des japanischen Volkes, die Einsicht, daß der Krieg verloren war, zur Hinnahme der amerikanischen Besatzung bei. Die Tatsache aber, daß sich gegen die Amerikaner nirgendwo und zu keiner Zeit Widerstand erhob, läßt sich letzten Endes allein mit der bedingungslosen Loyalität gegenüber dem Kaiser erklären, dessen Auftrag, »das Unerträgliche zu ertragen«, genauso widerspruchslos zu erfüllen war wie kurz zuvor noch die in seinem Namen erteilten Befehle, zu siegen oder zu sterben. Auch das Verhalten des Leutnants Onoda und des Unteroffiziers Yokoi, die nach der Kapitulation jahrzehntelang im Dschungel ausharrten, läßt sich, wenn überhaupt, nur mit einer irrationalen Treue zum Kaiser begründen. Wenngleich Japan seit Jahrzehnten im Frieden lebt, heißt das nicht, daß das Gefühl für Loyalität als Grundwert der japanischen Gesellschaft abgestorben sei.

Mit dem Verzicht, das japanische Kaisertum abzuschaffen, trafen die Amerikaner 1945 eine wohlüberlegte und kluge Entscheidung. Ein Japan ohne Kaiser, der Staat ohne personalisierte Spitze, hätte im Chaos versinken können.

Giri nennen die Japaner jenes Pflichtgefühl, jene Schuldigkeit, die ihre Beziehungen untereinander bestimmt. *Giri* prägte in der Feudalzeit das Verhältnis des Vasallen zu seinem Herrn, des Samurai zum Daimyo. Was als Tugend der Krieger entstand, entwickelte sich zu einer Verpflichtung für die gesamte Gesellschaft. Zu welch radikalen Konsequenzen die Erfüllung der Treuepflicht zwingen kann, gehört zu den zeitlosen Themen der japanischen Literatur. Die 47 Ronin sind dafür ein Beispiel. *Giri* läßt sich nicht in feste Regeln fassen, die etwa den christlichen Geboten vergleichbar wären, *giri* mag in einem Fall erzwingen, was sich in anderen Situationen verbietet. Ausländer werden sich in diesem Geflecht von Bindungen und Pflichten nie zurechtfinden, hier bleiben die Japaner unter sich. Verrat etwa ist der japanischen Feudalgeschichte keineswegs fremd, und sogar Verrat kann aus *giri* geboten sein, weil man nämlich sich selbst eine bestimmte Haltung schuldet.

Giri kommt dem alten deutschen Begriff Ehre nahe, bevor er von den Nationalsozialisten mißbraucht und mißdeutet wurde. Wer als Daimyo die Würde eines seiner Samurai mißachtete, zwang den Beleidigten aus *giri* sich selbst gegenüber, diese Schande zu rächen. Denn die Treuepflicht beruht auf Gegenseitigkeit, sie wirkt nicht nur von unten nach oben, sie bindet auch den Herrn.

Giri ist urjapanisch. Situationen, die einen Samurai zwangen, sein Schwert zu ziehen, hätten die praktisch und pragmatisch denkenden Chinesen in den meisten Fällen einfach übersehen.

Die Neigung der Japaner, sich persönlichen Bindungen eher zu unterwerfen als abstrakten Geboten, wirkt erkennbar bis in die Gegenwart fort, beispielsweise in der Parteipolitik. Während die großen politischen Parteien der westlichen Demokratien unterschiedliche Programme verfolgen, so daß einzelne Namen für bestimmte politische Konzepte stehen (»Adenauers Westeinbindung«, »Brandts Ostpolitik«), gliedert sich das bürgerliche und konservative Lager in Japan in die *persönlichen* Gefolgschaften einzelner Anführer; Sachfragen treten dabei völlig in den Hintergrund. Was sie trennt, ist der Ehrgeiz, den Kampf um die Macht für sich selbst zu entscheiden.

Das hat Japans Politik den Ruf eingetragen, konzeptionslos und bläßlich den außen- und innenpolitischen Entwicklungen hinterherzueilen. Erfolgreich war Japan seit Ende des Zweiten Weltkrieges vor allem in seiner heimischen und weltweiten Wirtschaftspolitik. Die Weichen dafür wurden nicht im Kabinett, sondern in einer Allianz der führenden Beamten des Außenhandelsministeriums (MITI), des Finanzministeriums (MoF) und der Strategen der Großunternehmen gestellt.

Japanische Politiker kennen sich im Ränkespiel um die Macht weit besser aus als in den Sachfragen, die den Bürgern unter den Nägeln brennen. Die jahrzehntelangen Alleinregierungen der konservativen Liberaldemokraten (LDP) waren in Wirklichkeit Koalitionsregierungen konkurrierender LDP-Gruppen. Den Stuhl des Ministerpräsidenten besetzte, wer möglichst viele andere

Gruppen zu Verbündeten gewann, vorwiegend durch das Versprechen künftiger Posten und Pfründen. Die Folge war, daß in Japan die Regierungschefs ebenso häufig wechselten wie in Italien.

Auch die Sozialdemokraten nehmen ihre durchaus klareren Konzepte nicht wirklich ernst. Als Ministerpräsident einer Koalitionsregierung gelangte 1994 mit ihrem Parteiführer Tomiichi Murayama ein Mann ans Ruder, der während seiner gesamten politischen Laufbahn Nordkorea und die chinesischen Kommunisten umworben, den japanisch-amerikanischen Sicherheitspakt bekämpft, den Sozialismus gepredigt und die Abschaffung der japanischen Streitkräfte gefordert hatte – und der nun im Bunde mit konservativen Liberaldemokraten von all dem das Gegenteil vertreten mußte.

Der Ansehensverlust, den das gesamte politische Establishment wegen seiner Machtkämpfe und aufgrund der weitverbreiteten Korruption erlitt, wurde überdeutlich, als die Wähler im Frühjahr 1995 zwei Fernseh-Spaßmacher auf die Gouverneursposten von Tokio und Osaka beriefen. Deutlicher hätten sie ihre Verachtung für die Berufspolitiker kaum ausdrücken können. Vielleicht ändern sich diese Zustände in der Zukunft, nachdem der Reichstag auf den massiven Druck der Öffentlichkeit hin eine grundlegende Reform des Wahlrechts beschließen mußte. Vorerst ähnelt das Verhältnis japanischer Parlamentarier zum Chef ihrer Partei oder dem Anführer ihres parteiinternen Flügels in seiner Grundstruktur noch sehr der feudalistischen Bindung eines Samurai an seinen Daimyo.

Jede feudalistische Ordnung ist hierarchisch aufgebaut. Bei der konservativen Grundhaltung fast aller Japaner ist es daher nicht verwunderlich, daß sie jenes traditionell hierarchische Denken in ihre moderne Industriegesellschaft hinübergerettet haben. Auch im modernen Japan kennt jeder seinen Platz und seine Pflichten. Von Gleichmacherei halten die Japaner wenig, sie ist ihnen eher peinlich. Wer oben steht, hält auf Distanz und biedert sich nicht an. Kein Professor käme auf die Idee, sich mit seinen Studenten zu duzen. Wer unten seinen Platz hat, lehnt sich nicht auf. Klassenunterschiede empfinden Japaner kaum als erniedrigend; allerdings rechnen sich fast alle dem Mittelstand zu. Neid ist keine japanische Nationaleigenschaft.

Sichtbares Statussymbol derer, die die Spitze der Pyramide bilden, sind schwarze Dienstwagen, gesteuert von Fahrern, die allesamt weiße Strickhandschuhe tragen. Wo immer Elite zusammenkommt, parken dunkle Luxuslimousinen in langen Reihen, deren Fahrer sich die Zeit vertreiben, indem sie mit weichen Federbüschen den Staub von ihren blitzenden Karossen fegen. Müßiges Herumstehen könnte als Desinteresse ausgelegt werden. Je nach Rang existieren Abstufungen, vom Dienstwagen mit festem Fahrer, der dem höchsten Chef rund um die Uhr zur Verfügung steht, über jene Firmenwagen, mit denen die Privilegierten morgens abgeholt und abends nach Hause gebracht werden, bis zu den Mietwagen, die sich die Rangniederen bestellen dürfen. In keinem anderen Land der Welt wird ein ähnlicher Aufwand mit Dienstwagen samt Fahrern getrieben. Nur der Vollständigkeit halber sei hinzugefügt, daß im verstopften Tokio das Büro mit der U-Bahn durchweg in der halben Zeit erreichbar wäre, häufig sogar auf einem Sitzplatz, da die Mehrzahl der Privilegierten nicht zu den Frühaufstehern gehört.

Rangunterschiede erscheinen den meisten Japanern als naturgegeben. Zu ihrer Akzeptanz hat zweifellos beigetragen, daß Klassen- oder Standeszugehörigkeit weder als Schande noch als Privileg empfunden wurde, sondern als notwendige Arbeitsteilung. Bauern mußte es geben für die Ernährung, Samurai sorgten für die Sicherheit. Dennoch verschwand in der zweiten Hälfte des vergangenen Jahrhunderts im konservativen Japan die mächtige Kriegerkaste über Nacht und ohne revolutionäre Kämpfe.

Sicher hatten sich die Samurai bereits historisch überlebt, als der Meiji-Kaiser (Mutsuhito) 1868 die Modernisierung des Landes befahl und den Samurai-Stand mit einem Federstrich beseitigte. Abgesehen von wenigen Rebellen fügten sich die Betroffenen – immerhin sechs Prozent der Gesamtbevölkerung – widerstandslos; die neu eingeführte allgemeine Wehrpflicht hatte ihr soldatisches Monopol überflüssig gemacht. Gehorsam legten sie ihre Standessymbole, die zwei Schwerter, ab und tauchten innerhalb von wenigen Jahren unerkennbar als Beamte, Bauern oder Kaufleute in der Gesamtbevölkerung unter.

Ähnliches wiederholte sich nach dem Zweiten Weltkrieg, als auf Druck der Besatzungsmächte der Adelsstand in Japan abgeschafft wurde, wobei nur der Kaiser und seine engere Familie ausgenommen blieben. Heute führt niemand mehr Adelsprädikate in seinem Namen, es gibt keine Adelsfamilien mehr, die in Palästen die Zeit verträumen, kein Adels-Jet-set füllt die Illustrierten mit Fürstenhochzeiten. Ein bis 1945 mächtiger und einflußreicher Stand hat sich völlig aufgelöst, vollständiger als der Adel in Europa. Im heutigen Japan spielt die

Standesherkunft sogar eine geringere Rolle als in der nordamerikanischen Oberschicht, die auf ihre protestantisch-angelsächsische Abstammung betonten Wert legt.

Wo man sich bereitwillig in Gruppen einbinden läßt und wo Loyalität als höchste Tugend gilt, geht man behutsam und rücksichtsvoll miteinander um. (Der rüde Gebrauch der Ellenbogen in den überfüllten U-Bahnen beweist nicht das Gegenteil, denn dort bewegt man sich außerhalb seiner Gruppe, folglich sind die Gruppenregeln hinfällig.) Auch die Privilegierten wollen an der Erfüllung ihrer Pflichten gemessen werden. Wohlstand wird in Japan weniger demonstrativ zur Schau gestellt als im Westen. Mit Segeljachten oder Châlets in der Schweiz prunkt man nicht, selbst wenn man sie besitzt. Wer seinen Status deutlich machen will, tut dies auf subtilere Weise, etwa indem er einen großen Hund spazierenführt; das signalisiert: »Seht, ich kann mir eine große Wohnung leisten.«

Besondere Rücksichtnahme genießt das Kaiserhaus. Ohne ausdrückliches Verbot folgen Frauenzeitschriften der Empfehlung des Kaiserhofs, kein Mitglied der kaiserlichen Familie abzubilden, wenn auf der Nebenseite ein nackter Frauenkörper oder Werbung für Unterwäsche zu sehen sind. Als den Schowa-Kaiser (Hirohito) gegen Ende seines Lebens einmal auf einer landesweit übertragenen Veranstaltung mitten auf der Bühne ein leichter Schlummer übermannte, schwenkte die Fernsehkamera sofort in die Totale, so daß kein Zuschauer die Ermattung des Kaisers bemerkte, und am nächsten Tag erwähnte nicht eine Zeitung das Nikkerchen der Majestät. In Deutschland hingegen machten sich die Medien in den Anfangsjahren der Bundesrepublik lange über einen Bundespräsidenten lustig, der unter seiner Vergreisung am meisten selbst gelitten hatte. Kaiser Akihito erfuhr bislang nur ein einziges Mal aus einer konservativen Ecke heraus indirekt Kritik; einige Publikationen warfen Kaiserin Michiko vor, sie respektiere das hohe Amt ihres Gatten zuwenig, was besagen sollte, Akihito gebe sich zu bürgerlich, zuwenig majestätisch. Als daraufhin die Kaiserin in einen nervösen Erschöpfungszustand fiel, verurteilte die gesamte Öffentlichkeit solche Kritik als unwürdig und ungehörig.

Auch in Japan ändern sich die Zeiten. Die 47 treuen Ronin sind fast drei Jahrhunderte tot, und Samurai kämpfen nur noch im Fernsehen, in der japanischen Version amerikanischer Western. Da aber die alten Tugenden als Ideale weiterleben, erzählt sich das Volk zeitgemäßere Abwandlungen, die auf das gleiche hinauslaufen, wie etwa die Geschichte vom Hund Hachiko.

Das Tier gehörte dem Professor Eisaburo Ueno und begleitete seinen Herrn allmorgendlich zum Bahnhof Shibuya in Tokio; von dort fuhr der Professor zu seinen Vorlesungen. Jeden Abend holte Hachiko seinen Herrn wieder am Bahnhof ab. Als nun Professor Ueno 1925 starb, lief Hachiko weiterhin jeden Morgen zum Bahnhof und wartete dort bis zum Abend, Tag für Tag, elf Jahre lang, bis er selbst an Altersschwäche starb. Der treue Hund wurde im Grab seines Herrn beigesetzt, und die Behörden errichteten ihm ein Denkmal auf dem Bahnhofsvorplatz in Shibuya. Heute zählt der in Bronze gegossene Hachiko zu den berühmtesten Treffpunkten der japanischen Hauptstadt. Auch seine Geschichte kennt natürlich jedes Kind.

Wer auf seinem Recht beharrt, setzt sich ins Unrecht

Kein moderner freiheitlicher Industriestaat kommt bei der Bewältigung seiner Rechtsgeschäfte mit so wenig Juristen aus wie Japan. Da es in Japan keineswegs an Streitfragen mangelt, drängt sich der Schluß auf, daß die Japaner ihre Konflikte vorwiegend auf andere Weise lösen.

Der Schlüssel zu ihrem Rechtsempfinden liegt in der Abneigung der Japaner gegen legalistische Prinzipien und in ihrer Vorliebe für pragmatische Lösungen. Wer menschliche Konflikte auf juristische Streitfragen reduziert, erwartet klare Urteile, die dem einen recht geben und den anderen ins Unrecht setzen. Gerichte sollen die Wahrheit nicht verwischen, sie sollen sie deutlich machen, sollen richtig von falsch, rechtmäßig von rechtswidrig scheiden. Dagegen sträubt sich das innere Wesen der Japaner. Ihnen stellt sich die Welt nicht in scharfem Schwarzweißbild dar, in logischen Gegensätzen, sondern in abgestuften Grautönen. Ein bißchen recht hat immer auch der, der sich überwiegend im Unrecht befindet, und ein wenig Schuld sollte sich anrechnen lassen, wer sich prinzipiell im Recht weiß. Ein japanischer Autofahrer, der, die Vorfahrt mißachtend, einen anderen Wagen gerammt hat, findet nichts dabei vorzutragen, der andere habe sich gleichfalls auf der Straße befunden und folglich zum Unfall mit beigetragen.

Diese Betrachtungsweise, die Zusammenhänge und

Verknüpfungen statt einander ausschließende Gegenpositionen sucht, scheint Japanern realistischer, schon weil sie jahrtausendealten ostasiatischen Lebensvorstellungen entspricht, nämlich dem Gegensatzpaar Yin-Yang, das in harmonischer Spannung die Welt bewegt. Im natürlichen Dualismus des Yin-Yang, der im alten China erdacht und von den Taoisten zu einer mystischen Weltbetrachtung entwickelt wurde, symbolisiert Yang das männliche Element, das Harte, das Helle, während Yin für das Weibliche, das Weiche, das Dunkle steht.

Yang und Yin schließen sich nun nicht gegenseitig aus, im Gegenteil, sie ergänzen sich und bilden zusammen erst das Ganze. Auf die Sonne (Yang) folgt der Mond (Yin), auf den Sommer (Yang) der Winter (Yin). Aus der Vereinigung des Männlichen mit dem Weiblichen entsteht das neue Leben. Die Gegensätze reiben sich also nicht, sie erzeugen keinen Hader, wie das westlicher Denkart entspricht, wo Recht und Unrecht, Richtig und Falsch, als abstrakte Kategorien miteinander im Kampf liegen.

Ostasien versucht, die Welt aus der Natur heraus zu verstehen, während sich der Westen dabei vorwiegend abstrakt-logischer und ethisch-moralischer Gedankenkonstruktionen bedient. Der symbolträchtige Kreis, in dem sich Yin und Yang symmetrisch zusammenfinden, bildet das zentrale Motiv der südkoreanischen Staatsflagge, ein Beweis, wie stark eine uralte Vorstellung bis in die Gegenwart hineinwirkt. (Daß westliche Philosophen auf völlig anderen Wegen zu ähnlichen Überlegungen kommen, zeigt Hegels Dialektik, in der These und Antithese nicht in einem zerstörerischen Widerstreit liegen, sondern sich zur Synthese vereinigen.)

Die Überzeugung, daß den gegensätzlichen Kräften in der Welt eine natürliche Tendenz zur harmonischen Vereinigung innewohnt, hat die Lebensvorstellungen in Ostasien tiefgehend geprägt. Infolgedessen pflegen Japaner Konflikte nicht mit der Absicht zu siegen auszutragen, sondern sind bemüht, eine Verständigung herbeizuführen, bei der der Unterlegene sein Gesicht nicht verliert.

Gesetze wirken auf Japaner eher kalt, unpersönlich und unbarmherzig. Sich auf sie berufen, heißt zugeben, daß alle zwischenmenschlichen Kompromißbemühungen gescheitert sind. Solches Verhalten wirft kein gutes Licht auf einen Kläger, setzt er sich doch dem Verdacht aus, Kompromisse abzulehnen, und verstößt damit gegen gesellschaftliche Grundregeln. Die Gerichte begünstigen diese Überzeugung, indem sie häufig durch endlose Prozeßverläufe, die einer Verschleppung nahekommen, vor einer Klageerhebung geradezu warnen. In einem der schlimmsten Umweltskandale, den Quecksilbervergiftungen von Minamata, zieht sich das Entschädigungsverfahren der Opfer seit über dreißig Jahren hin; in diesem Rechtsstreit ist leider der Tag abzusehen, an dem der letzte Kläger stirbt und der Fall sich von selbst erledigt.

Um Klagen zu verhindern, erweisen sich Japaner als überaus nachgiebig, schalten sie bereitwillig neutrale Außenstehende als Vermittler ein, ist ihnen jeder neue Vorschlag eine Diskussion wert; denn der schlechteste Kompromiß ist allemal dem besten Urteil vorzuziehen.

Vermittler haben in Japan ein weites Betätigungsfeld, helfen sie doch, Probleme zu lösen, ohne daß sich die direkt Betroffenen gegenübersitzen und streiten. Früher wurden in Japan auch die meisten Ehen durch Vermittler *(miai)* angebahnt, die unauffällig und nüchtern die

Voraussetzungen einer dauerhaften Verbindung, die Vermögensverhältnisse des Brautpaares und seiner Eltern, Herkunft, Ausbildung, eventuelle Krankheiten, Kinderwünsche, Erwartungen, klärten. Während vor zwei Generationen noch über die Hälfte aller Eheschließungen arrangiert wurden, haben sich inzwischen die Liebesheiraten weitgehend durchgesetzt. Nur noch 15 Prozent aller Ehen werden heutzutage vermittelt, vorwiegend in ländlichen, wohlhabenderen und konservativen Kreisen. Doch selbst ein modernes Brautpaar schätzt die formale Anwesenheit eines Vermittlers an der Ehrentafel, vorzugsweise eines alten Lehrers, eines Vorgesetzten oder einer anderen Respektsperson als eine Art Garant.

Daß viele eher Vermittlern als Juristen vertrauen, offenbart eine Rechtsvorstellung, die mit der des Westens nur schwer vergleichbar ist. Gesetze werden nicht primär als das nützliche und notwendige Fundament der Gesellschaftsordnung gewertet, als Garanten von Gleichheit, Freiheit und Unbestechlichkeit, nicht ihre positive Wirkung beeindruckt die Japaner, die in ihnen vorwiegend Fesseln, anonyme Bedrohungen sehen, um die man am besten einen Bogen schlägt. Wenn der Nachbar sein Fernsehgerät mit unerträglicher Lautstärke laufen läßt, ist es japanischer, nicht auf das Recht auf ungestörte Nachtruhe zu pochen, vielmehr wird man um Rücksicht für die kranke Großmutter bitten, auch wenn es der alten Dame gesundheitlich ausgezeichnet geht. Dank dieser kleinen Notlüge vermeidet man es, den Nachbarn mit seiner Rücksichtslosigkeit zu konfrontieren.

In ihren Geschäftsbeziehungen untereinander kommen die Japaner meist ohne schriftliche Verträge aus. Da man sich seit langem kennt, haben sich längst feste Verfahrenspraktiken herausgebildet, folglich braucht man das Selbstverständliche nicht zusätzlich schriftlich festzuhalten. Die Kehrseite der Medaille ist, daß Vereinbarungen mit Ausländern am besten bis ins letzte Detail schriftlich fixiert werden, weil man ausländische Verhaltensweisen nicht einzuschätzen vermag und nicht von einer gemeinsamen Grundlage ausgehen kann. Japanische Geschäftspartner erwarten voneinander Entgegenkommen; kein Japaner wird sich etwa gegen nachträgliche Veränderungen von Vereinbarungen sträuben, wenn sich die Voraussetzungen, die ihnen zugrunde lagen, gewandelt haben. Dies hat ihnen gelegentlich den Ruf eingebracht, sie würden leichtfertig Verträge brechen. Doch ergeht dieser Vorwurf zu Unrecht, denn die Japaner sind ein besonders ehrliches Volk. Es liegt ihnen fern, andere übers Ohr zu hauen.

Nicht weil sie rücksichtslos die Rechte und Interessen anderer mißachteten, haben sich die Japaner den Vorwurf der Vertragsuntreue zugezogen, sondern weil sie die einen Vertrag bestimmenden Faktoren nach einer anderen Rangordnung bewerten. Ein vernünftiges Ergebnis erscheint ihnen dabei wichtiger als das Beharren auf Regeln, die ungewollte Folgen zeitigen.

Diese Neigung, abstrakte Normen vorwiegend als flexible Notbehelfe zu betrachten, macht nicht einmal vor der Verfassung halt, wie sich an dem berühmten Antikriegsparagraphen 9 der Nachkriegsverfassung von 1947 darlegen läßt. Dessen Wortlaut ist klar:

»In aufrichtigem Streben nach einem auf Gerechtigkeit und Ordnung gegründeten internationalen Frieden verzichtet das japanische Volk für alle Zeiten auf den Krieg als ein souveränes Recht der Nation und auf die Androhung oder Ausübung von Gewalt als Mittel zur Beilegung internationaler Streitigkeiten.

Um das Ziel des vorhergehenden Absatzes zu erreichen, werden keine Land-, See- und Luftstreitkräfte oder sonstige Kriegsmittel unterhalten. Ein Recht des Staates zur Kriegführung wird nicht anerkannt.«

Im Widerspruch zu diesem Text verfügt Japan längst über eine voll ausgerüstete Freiwilligenarmee aller drei Waffengattungen. Beim Aufbau dieser Streitkräfte, der nach dem Koreakrieg auf Druck der Amerikaner begann, weil die Vereinigten Staaten der kommunistischen Expansion in Ostasien einen Riegel vorschieben wollten, berief sich Japans Regierung auf das naturgegebene Recht eines jeden Staates zur Selbstverteidigung. Streitkräfte, die ausschließlich der Abwehr von Angriffen dienten, fielen daher nicht unter das Verfassungsverbot, eine Auslegung, der im wesentlichen auch das Oberste Gericht später folgte. Zur Unterstützung der USA im Kampf gegen den weltweiten islamistischen Terrorismus entsandte die Regierung nach dem September 2001 japanische Kriegsschiffe zum Schutz amerikanischer Seewege außerhalb der japanischen Hoheitsgewässer, – sicher kein Akt japanischer Selbstverteidigung. Das Auseinanderklaffen von Verfassungsrecht und politisch-militärischer Wirklichkeit wird von den meisten Japanern widerspruchslos hingenommen. In Deutschland hat der Bundestag in erbitterten politischen Auseinandersetzungen den Aufbau und die Aufgaben der Bundeswehr bis ins Detail geregelt, und das Bundesverfassungsgericht überprüfte diese Beschlüsse auf ihre Vereinbarkeit mit dem Grundgesetz.

Der japanische Überfall auf die amerikanische Kriegsflotte in Pearl Harbor auf Hawaii am 7. Dezember 1941 konfrontierte die amerikanischen Soldaten – und später die Besatzungsoffiziere – mit einem Volk, von dem sie so gut wie nichts wußten. Damals machte die amerikanische Anthropologin Ruth Benedict darauf aufmerksam, daß Japaner auf eigenes verwerfliches, ja verbrecherisches Verhalten völlig anders reagieren als Europäer oder Amerikaner. Scham tritt bei ihnen an die Stelle von Schuld.

Schuldig macht sich, wer gegen absolute Moralgebote verstößt, wie sie in den christlichen Zehn Geboten oder auch im Koran formuliert sind. Schuld ist eine individuelle Belastung, sie folgt aus der Verletzung moralischethischer, meist religiöser Pflichten, wobei es keinerlei Rolle spielt, ob es dafür Zeugen oder Teilnehmer gibt. Schuld bedrückt das Gewissen auch dann, wenn kein anderer Mensch von dem Regelverstoß, der ihr zugrunde liegt, weiß. Allerdings kann Schuld vergeben werden, von Gott (». . . und vergib uns unsre Schuld . . .«), aber auch von den Menschen. Hierin liegt die erlösende Wirkung der Beichte.

Scham dagegen stellt sich nur gegenüber anderen ein, sie verlangt Mitbeteiligte, Mitwisser. Sie erfolgt als Reaktion auf die Mißbilligung durch Mitmenschen, meist Nahestehende, also Angehörige der eigenen Gruppe. Wo für eine Tat Zeugen, Kritiker und Ankläger fehlen, mögen Schuldgefühle entstehen, kann sich aber keine

Scham entwickeln. Der individualistischere Westen orientiert sich überwiegend an absoluten Moralgeboten, während sich die stärker in Gemeinschaften eingebundenen Japaner in erster Linie bemühen, den jeweiligen Verhaltensregeln ihrer Gruppen zu folgen.

Scham zügelt Regelverstöße wirksamer als Schuld. Aus der Scham gibt es keine Befreiung, sie wirkt um so belastender, je mehr Menschen um das Fehlverhalten wissen. Diese Differenzierung mag, weil ohne praktische Konsequenzen, akademisch klingen, zumal Scham auch im Westen keineswegs unbekannt ist und die Japaner die Notwendigkeit allgemein verbindlicher Moralgesetze mitnichten bestreiten. Trotzdem hilft die Hervorhebung unterschiedlicher Ausgangspositionen, die japanische Wirklichkeit zu verstehen.

Eine alte jüdische Weisheit sagt: »Das Geheimnis der Erlösung heißt Erinnerung.« Wenn von den Verbrechen der Nationalsozialisten im Dritten Reich die Rede ist, sind sich alle Deutschen, von einer Minderheit Unbelehrbarer abgesehen, darüber einig, daß die Erinnerung an diese Untaten unter allen Umständen wachgehalten werden muß, weil allein dadurch Lehren aus der Geschichte gezogen und Wiederholungen verhindert werden können. Ein japanisches Sprichwort läßt jedoch eine geradezu gegensätzliche Einstellung erkennen: »Was übel riecht, soll man unter Verschluß halten.« Hier bricht sich die Überzeugung Bahn, daß Untaten besser verschwiegen werden, daß sie am ehesten in Vergessenheit geraten, wenn nach einigen Jahrzehnten und wenigen Generationen niemand mehr darum weiß.

Sigmund Freud hat seine Psychoanalyse aus Schuldkomplexen, vor allem aus sexuellen Verdrängungen, hergeleitet. Es kann kein Zufall sein, daß die Psychoanalyse in Japan kaum eine Rolle spielt, daß Psychiater, denen in den USA eine dominierende Rolle zukommt, in Japan kaum gefragt sind. In keinem anderen Industriestaat wird ihre Hilfe so wenig gebraucht, weil es weitgehend an Schuldgefühlen fehlt.

Im Schlick von Pearl Harbor rostet unter einer schwimmenden weißen Gedächtnishalle noch immer das Wrack des amerikanischen Schlachtschiffes *Arizona*, das nasse Grab von 1102 Seeleuten, die bei seiner Versenkung ertranken. Achtzehn Kriegsschiffe, den Kern der amerikanischen Pazifikflotte, setzten die Japaner damals in drei Stunden außer Gefecht. Die formelle Kriegserklärung, die dem Weißen Haus unmittelbar vorher übergeben werden sollte, war, so die offizielle japanische Version, wegen Entschlüsselungsschwierigkeiten in der japanischen Botschaft in Washington bis nach dem Überfall hängengeblieben.

Hawaii liegt heute auf der Reiseroute japanischer Politiker, die nach Washington unterwegs sind, doch in Pearl Harbor hat sich bislang weder der Kaiser noch ein Regierungschef blicken lassen. Als der Schowa-Kaiser (Hirohito) 1975 auf seiner Amerika-Reise in Hawaii übernachtete, hieß es auf Nachfrage aus seiner Umgebung, die Zeit sei leider zu knapp für einen Abstecher zum Grab der *Arizona*.

Vor einem alliierten, aus Richtern der Siegermächte zusammengesetzten Militärtribunal in Tokio mußten sich nach der Kapitulation Japans die Hauptschuldigen – je nach der Schwere der Vorwürfe in drei Kategorien eingeteilt – verantworten. Von 28 als Hauptkriegsverbrecher angeklagten Japanern wurden sieben zum Tode verurteilt und gehenkt. Die übrigen erhielten unterschiedliche Freiheitsstrafen und wurden 1952, nach dem Inkrafttreten des Friedensvertrages von San Francisco, begnadigt und freigelassen. Und damit war für die Japaner das Kapitel Kriegsschuld abgeschlossen. Bereits 1957 wählte die konservative Parlamentsmehrheit Nobusike Kishi zum neuen Ministerpräsidenten, einen Mann, der im Kriegskabinett eine Schlüsselrolle innehatte und den die Amerikaner 1945 als einen der Hauptschuldigen drei Jahre lang in Untersuchungshaft gehalten, jedoch danach, ohne ihm den Prozeß zu machen, freigelassen hatten.

Nicht ein Japaner hat sich nach dem Zweiten Weltkrieg vor einem japanischen Gericht wegen Kriegsverbrechen oder Verbrechen gegen die Menschlichkeit verantworten müssen. Kein japanischer Staatsanwalt hat je einen Japaner wegen Kriegsverbrechen, die er an Soldaten oder Zivilisten, an Ausländern oder Japanern, im Lande selbst oder in den besetzten Gebieten begangen hatte, angeklagt. So blieb das Massaker von Nanking, bei dem japanische Soldaten 1937 in einem Blutrausch mehr als 155000 chinesische Kriegsgefangene, Frauen, Kinder und Alte, hingeschlachtet hatten, ebenso ungesühnt wie die zahllosen Verbrechen der japanischen Streitkräfte und Besatzungsbehörden während des Zweiten Weltkrieges. Leicht hätten sich die Täter in einem Land, das seine Akten so sorgfältig führt, ermitteln lassen: brutale Lagerkommandanten, die Gefangene zu Tode quälten, Besatzungsbeamte, die in China und Südostasien Zivilisten ohne Prozeß erschießen ließen, Offiziere, die auf der Philippinen-Insel Corregidor ihren Rekruten als Mutübung Bajonettangriffe auf an Pfähle gefesselte amerikanische Kriegsgefangene befahlen, die Folterer und Mörder der berüchtigten Militärpolizei Kempetai, die 1942 allein im eroberten Singapur 6000 Chinesen hinrichteten, oder jene Ärzte, die mit gefangenen Amerikanern experimentierten und später, Höhepunkt des Zynismus, ihre Opfer unter den Toten der amerikanischen Atombombe verbuchen ließen.

Statt dessen benahm sich die Justiz, gedeckt von den Nachkriegsregierungen, so, als gebe es nicht den geringsten Anlaß, sich kritisch mit der eigenen Vergangenheit auseinanderzusetzen. In der breiten Öffentlichkeit regte sich kaum Widerstand gegen dieses Totschweigen. Auch Presse und Rundfunk beteiligten sich an dem Komplott des Schweigens, was nicht überraschen sollte, da alle Medien vor 1945 gefügig die Kriegs- und Hetzpropaganda der Herrschenden verbreitet hatten und mit der Kapitulation nahtlos den Übergang in die demokratische Nachkriegsära vollzogen.

Den Japanern hat die Indifferenz gegenüber den Sünden der eigenen Vergangenheit im Ausland erheblich geschadet, sie hat dazu beigetragen, negative Urteile zu verstärken. Den meisten jungen Japanern blieb diese Konsequenz indes verborgen, da sie die Schattenseiten ihrer Geschichte weder in der Schule noch aus den Medien erfuhren. Was übel roch, wurde unter Verschluß gehalten.

Außerdem, wie hätte man irgend jemanden für Handlungen verantwortlich machen können, die er nach bestem Gewissen uneigennützig auf Befehl des Kaisers begangen hatte? Schließlich haben die Sieger des Zweiten Weltkriegs nicht nur den damaligen Kaiser Hirohito nie angeklagt, sie haben ihn sogar im Amt belassen. Jeder brutale Soldat, jeder unbarmherzige Kolonialbeamte wußte sich von seinen Vorgesetzten voll gedeckt, jeder General war überzeugt, im Namen des Kaisers zu handeln. Daher wäre es ebenso unlogisch wie ungerecht gewesen, jene unteren Chargen, die sich die Hände schmutzig machten, zu bestrafen, zugleich aber den Letztverantwortlichen unbehelligt zu lassen. Wer am Verhalten des Schowa-Kaisers nichts Schuldhaftes fand, hatte kein Recht, diejenigen anzuklagen, die nichts anderes wollten, als ihm dienen. Daß der Kaiser als Ehrenmann im Amt blieb, heiligte die Mittel, die in seinem Namen angewendet worden waren.

An diesem Tatbestand ändert sich auch nichts, wenn man davon ausgeht, daß der Kaiser keineswegs ein brutaler Diktator war. Hirohito verbrachte sein Leben als ein integerer, bescheidener, zurückhaltender Mann, nie erlag er den Versuchungen der Macht. Sein Versagen bestand darin, daß er die Militärs gewähren ließ, daß er passiv blieb, wo entschiedenes Tun geboten gewesen wäre. Seine Schuld lag in seiner Schwäche, in einer tausend Jahre alten Tradition, derzufolge die Kaiser immer nur herhalten mußten, die Macht der Shogune, der obersten Militärherren, zu legitimieren. Hirohitos Herkunft konnte ihm, dem Nachkommen der ältesten Dynastie der Welt, nicht jene Vitalität und Entschlossenheit geben, welche die Zeit erforderte. Er selbst war sich nie darüber im klaren, daß eine kritische Selbstbesinnung in Japan von ihm allein hätte ausgehen müssen.

Für die Amerikaner gab es 1945 gute Gründe, den Kaiser nicht anzutasten. Damit haben sie wahrscheinlich die Ordnung im Lande bewahrt. Doch als Preis mußten sie hinnehmen, daß jeder Versuch einer kritischen Bestandsaufnahme unterblieb. So konnte dann 1975 derselbe Kaiser, auf dessen Befehl hin die japanischen Kampfflugzeuge im Dezember 1941 auf Pearl Harbor herabgestoßen waren, als Staatsoberhaupt in allen Ehren die Vereinigten Staaten besuchen.

Nach dem Ableben des Schowa-Kaisers im Februar 1989 versammelten sich fast alle führenden Staatsmänner der Welt zu seinem Begräbnis, darunter der Präsident der Vereinigten Staaten, George Bush, der als Kampfflieger im Zweiten Weltkrieg von Japanern abgeschossen worden war. Nur China und Südkorea schickten Vertreter minderen Ranges.

Die Verweigerung einer offenen und gründlichen Vergangenheitsbewältigung ist nur als Ausdruck der japanischen Scham-Kultur zu verstehen. Was nicht öffentlich debattiert wird, existiert nicht, und wenn man die wenigen Stimmen, die das ändern wollen, lange genug überhört, werden auch sie verstummen.

Was immer Japaner im Zweiten Weltkrieg taten, geschah im Interesse der höchsten und umfassendsten Gruppe (*uchi*), in die sich jeder zum Wohl des eigenen Volkes eingebettet weiß. Dem Volk tapfer und selbstlos zu dienen stellt somit einen Akt höchster Moralität dar, ungeachtet der Folgen für Nichtangehörige der Gruppe (*soto*), für Außenstehende, Nichtjapaner. Daß sich in Japan seit 1945 kaum ein schlechtes Gewissen geregt hat, kann als Indiz dafür gelten, wie stark japanisches Gruppendenken bis heute die Wertordnung prägt.

Dennoch mußten alle Bemühungen, die dunklen Seiten der japanischen Vergangenheit auf die klassische

Weise dadurch zu bewältigen, daß man sie nicht zur Kenntnis nahm, am Ende scheitern, weil die ausländischen Opfer der japanischen Kriegspolitik nicht bereit waren, sich den japanischen Spielregeln zu fügen.

Als 1945 die amerikanischen Atombomben auf Hiroshima und Nagasaki fielen, lebten in beiden Städten etwa 100 000 Koreaner, von denen die meisten als Ersatz für die an den Fronten kämpfenden japanischen Männer in die Rüstungs- und Versorgungsbetriebe zwangsverpflichtet worden waren. Viele dieser Koreaner erlitten bei den Atombombenangriffen schwere gesundheitliche Schäden. Trotzdem weigerten sich die japanischen Behörden nach Kriegsende, deren medizinische Betreuung zu übernehmen. Vom Argument, schließlich hätten die Amerikaner die Atombomben geworfen (als habe nicht Japan mit dem Überfall auf Pearl Harbor den Krieg entfesselt), bis zur legalistischen These, mit dem Friedensvertrag von 1965 zwischen Japan und Korea sei alle Verantwortung auf die koreanische Regierung übergegangen, war dem japanischen Justizministerium jede Ausrede recht. Humanitäre Überlegungen zog Tokio gar nicht in Betracht. Zu guter Letzt verweigerte das Justizministerium den in ihre Heimat zurückgekehrten Koreanern die Einreise nach Japan zur medizinischen Behandlung auch dann, wenn diese ihre Reisekosten selbst tragen wollten, mit der Begründung, Japans Einrichtungen zur Behandlung der Atombombenopfer würden von den Steuerzahlern finanziert. Deshalb dürften die Einwanderungsbehörden jenen Personen keine Aufenthaltsgenehmigung erteilen, die der Öffentlichkeit zur Last fallen könnten.

Wer sich den Leidensweg jener koreanischen Kranken vorstellen kann – Zehntausende von ihnen lebten noch viele Jahre nach Kriegsende –, mag die Verzweiflung ermessen, die einen dazu trieb, kurz vor seinem Tod 1975 testamentarisch zu verfügen, seine Leiche vor der japanischen Botschaft in Seoul niederzulegen. Andere prozessierten jahrelang vor japanischen Gerichten, bis endlich im März 1978 der Oberste Gerichtshof entschied, daß auch die koreanischen Atombombenopfer Anspruch auf medizinische Behandlung in Japan hätten. Japans Presse und das Fernsehen berichteten damals über den Prozeß, als fände er in einem fremden Lande statt.

Besonders die Koreaner haben viele Gründe, den Japanern gram zu sein. Im Januar 1992 mußte Ministerpräsident Miyazawa bei einem Staatsbesuch in Südkorea endlich zugeben, daß die japanische Armee zwischen 1931 und 1945 140000 junge Frauen aus Korea, Taiwan, den Philippinen und aus Südostasien in Militärbordelle gepreßt hatte. Jahrzehntelang hatte die Regierung behauptet, Privatleute seien für diese Prostitution verantwortlich gewesen, folglich schulde der Staat keinerlei Wiedergutmachung. Diese Aussage entlarvte sich als dreiste Lüge der Behörden, nachdem ein Wissenschaftler am Institut für Landesverteidigung Dokumente entdeckt hatte, die das Gegenteil bewiesen. Als dann auch noch in einem Ministerium in Tokio Namenslisten der bedauernswerten Frauen auftauchten, behaupteten die Beamten unverfroren, die Listen seien in englischer Sprache abgefaßt, deshalb habe sie niemand lesen können. Schließlich erklärte sich Japans Regierung bereit, durch eine bescheiden dotierte Stiftung den letzten überlebenden Frauen zu helfen, doch erwies der zögerliche Aufbau jener Stiftung, daß damit nur Zeit gewonnen werden sollte, bis möglichst viele der mißbrauchten Frauen gestorben sein würden.

In den vergangenen Jahren provozierten konservative Minister immer wieder mit uneinsichtigen Bemerkungen über Japans jüngere Vergangenheit heftige Proteste in Südkorea, China, Taiwan und Südostasien und mußten danach ihre Ämter niederlegen. So hatte ein Justizminister das Massaker von Nanking, das nach Schätzung des alliierten Militärtribunals in Tokio mehr als 155 000 Todesopfer forderte, schlichtweg geleugnet. Ein Kultusminister stolperte über die Behauptung, die Koreaner seien für ihre koloniale Unterjochung durch Japan mitverantwortlich. Ein Staatsminister mußte zurücktreten, der verkündet hatte, Japans Überfall auf China 1937 sei kein Angriffskrieg gewesen, und ein Umweltminister verlor seinen Posten wegen der These, Japan habe im Zweiten Weltkrieg nur die Völker im pazifischen Raum aus der Kolonialherrschaft des Westens befreien wollen und keinen Angriffskrieg geführt.

Innerjapanische Kritik an verlogenen Geschichtsdarstellungen kommt überwiegend aus christlichen und linken Kreisen. Das Kultusministerium, das alle Schulbücher genehmigen muß, hatte beispielsweise einen Hinweis auf die Massenvergewaltigungen von Chinesinnen beim Massaker von Nanking stets mit dem verblüffenden Argument verhindert, daß so etwas in jedem Krieg vorkomme und daher keiner besonderen Erwähnung bedürfe.

Mehr als ein halbes Jahrhundert nach dem Ende des Zweiten Weltkriegs haben es die Japaner noch immer nicht geschafft, mit ihrer jüngeren Vergangenheit ins reine zu kommen, spekuliert die Mehrheit der konservativen Politiker weiterhin auf das Vergessen. Zwar haben über die Jahre hinweg einzelne Politiker und auch der Kaiser – vorwiegend bei Auslandsreisen – Japans asiatische Opfer um Vergebung gebeten, doch haftete solchen Schuldbekenntnissen ein Geruch von Opportunität an. Nie bekannte sich der Staat als Ganzes in einem überzeugenden, formellen Akt zu seiner Verantwortung.

Fünfzig Jahre nach Kriegsende, so hatte im Sommer 1995 der sozialdemokratische Ministerpräsident Murayama gehofft, werde es endlich möglich sein, im Bündnis mit den konservativen Liberaldemokraten im Reichstag bei breiter Zustimmung eine Resolution zu verabschieden, die eindeutig und vorbehaltlos Japans Verantwortung für millionenfachen Tod und unbeschreibliches Leiden bekennt und von dieser Basis aus den Völkern Asiens Zusammenarbeit für die Zukunft anbietet. Doch der Plan mißlang. Die Konservativen im Unterhaus verwässerten die Resolution zu einer Erklärung, die lediglich festhielt, daß Japan, »ebenso wie andere Kolonialmächte«, Unglück über andere Völker gebracht habe, so daß das geplante Schuldbekenntnis gar noch zur Anklage gegen Europäer und Amerikaner geriet, und das Oberhaus setzte den Entwurf erst gar nicht auf seine Tagesordnung. Somit bleiben die üblen Gerüche nach wie vor unter Verschluß, verflüchtigen werden sie sich dabei nicht.

Sind Japaner religiös?

Vom Schintoismus ...

Am Anfang rührten Izanagi und Izanami, das Götterpaar, von einer schwebenden Himmelsbrücke, einem Regenbogen, aus mit einem »Juwelenspeer« (in dem unschwer ein Phallus zu erkennen ist) im Chaos unter ihnen. Durch die Quirlbewegung verdickte sich langsam die Brühe. Schließlich zogen sie den Speer heraus und ließen von seiner Spitze dicke Tropfen herabfallen, die zu Land gerannen, zur ersten japanischen Insel. Andere Inseln folgten, und da ihre Vitalität keine Grenzen kannte, zeugten sie Flüsse, Berge und Pflanzen sowie zahlreiche andere Götter, darunter Amaterasu, die Urahnin des Kaiserhauses.

Schöpfungsmythen stecken voller Wahrheiten. Die Zeit, in der eine sich für aufgeklärt haltende Wissenschaft die Volksmärchen als belanglos abtat, ist spätestens seit den Brüdern Grimm zu Ende. So offenbart Japans Schöpfungsgeschichte eine der wichtigsten Erkenntnisse zum Verständnis des japanischen Volkes.

Staatsgebiet, Volk, Kaiserhaus und Natur entstanden nach schintoistischer Überlieferung in einem einzigen Schöpfungsvorgang, sind also als verschiedene Wirkungen eines einzigen göttlichen Aktes untrennbar miteinander verbunden. Im Schinto-Glauben (Schinto bedeutet wörtlich übersetzt »der Weg der Götter«) wären

Japans Inseln nicht vorstellbar ohne das japanische Volk, und dieses Volk wäre nicht denkbar ohne das Kaiserhaus. Göttlicher Schöpfungswille bildet die unzerstörbare Klammer. Volk, Vaterland, Kaiserhaus und Natur besitzen alle dieselben Ahnherrn, bilden eine gottgegebene Einheit. Damit wird diese Einheit zugleich von allen anderen Völkern und Ländern abgesetzt und erhöht. Es war nicht schwer, viele Jahrhunderte später, zu Beginn der Neuzeit, daraus eine Mission abzuleiten, die Idee von der Einzigartigkeit Japans, der Göttlichkeit seines Kaiserhauses, eines japanischen Führungsauftrages in der Welt, und mit diesem ideologischen Anspruch Japans imperialistische Politik in Ost- und Südostasien zu legitimieren.

Fachleute streiten, ob der Schintoismus überhaupt eine Religion genannt werden kann, denn er kennt zwar zahlreiche Götter, doch fehlen ihm völlig, was alle Hochreligionen auszeichnet: ein dogmatisches Lehrgebäude und klare strenge Moralgebote. Der Schintoismus kennt keine heilige Schrift, und er fordert von seinen Anhängern keine spezifische moralische Verhaltensweise. Jeder Japaner, der sich zum Schöpfungsmythos bekennt, ist Schintoist. Dazu bedarf es keiner Taufe und keines Gottesdienstes, die es beide im engeren Sinn nicht gibt, nicht einmal des Gebets. Jeder Japaner, der reinen Geistes einen Schinto-Schrein besucht, gehört dazu.

Reinheit tritt im Schintoismus an die Stelle der Lehre, das Reinigungsritual übernimmt die Rolle der Liturgie. Schintoistische Weihen werden auch im modernen Japan bei jedem wichtigen Anlaß vollzogen, bei Schiffstaufen und Hoteleröffnungen, beim Häuserbau, beim Tod des

Kaisers und wenn die Ernte eingebracht ist. Zu all diesen Anlässen gibt es weder eine Predigt noch eine Belehrung. Schinto-Priester vollziehen eine Reinigungszeremonie, sie schwenken Zweige eines heiligen Baumes, um die Götter günstig zu stimmen, damit alles Üble und Böse ferngehalten werde. Genauso reinigt sich jeder Japaner symbolisch, bevor er einen heiligen Ort betritt, indem er sich den Mund mit dem fließenden klaren Wasser aus dem Brunnen vor dem Eingang spült. Die vielgerühmte Sauberkeit der Japaner liegt nicht zuletzt im Reinigungsritual des Schintoismus begründet, ist also magisch-religiösen Ursprungs.

Nach Japans Niederlage im Zweiten Weltkrieg, mit der Einführung der demokratischen Reformen, wurde der Staats-Schinto beseitigt, und der Schowa-Kaiser korrigierte öffentlich »die falsche Vorstellung von der Göttlichkeit des Kaisers«. Der Schrein-Schinto als Volksglaube blieb dagegen bestehen. Staats-Schinto und Schrein-Schinto dürfen jedoch nicht als einander ausschließende, separate Erscheinungen betrachtet werden. Beide gründen sich auf den geschilderten Schöpfungsmythos. Der Naturglaube des Schintoismus kennt eine Unzahl Götter, sie wohnen auf Bergen, in alten Bäumen, in Quellen, auf fruchtbaren Reisfeldern, in Wasserfällen. Oft hausen sie dort nicht nur als geistige Wesen, sondern nehmen natürliche Gestalt an, dann werden der Wasserfall, der Fels, der Gipfel selbst zum Gott. Jede Familie, jede Dorfgemeinschaft, jedes fruchtbare Tal, jeder Sippenverband stand früher und steht vielerorts noch heute unter dem Schutz solcher Schinto-Götter, und Amaterasu, die Sonnengöttin, unterscheidet sich von der übrigen Götterschar allein im Rang, weil der Sippenverband, den sie schützt, das Kaiserhaus ist.

Früher konzentrierte sich der Staats-Schinto auf drei heilige Stätten: den Ise-Schrein, Hausschrein der Kaiserfamilie, den Yasukuni-Schrein unweit des Kaiserpalastes in Tokio, in dem den Seelen der in den Kriegen gefallenen Japaner göttlicher Friede zuteil wird, und den in einem stillen Park am Rande des Zentrums von Tokio gelegenen Meiji-Schrein, wo der Meiji-Kaiser, in dessen Namen Japan in der zweiten Hälfte des 19. Jahrhunderts modernisiert wurde, göttliche Verehrung genießt.

Zu den im Krieg gefallenen Japanern, deren Gedenken der Yasukuni-Schrein geweiht ist, gehören nach dem Verständnis der konservativen Elite auch die nach dem Zweiten Weltkrieg vom Internationalen Militärtribunal in Tokio zum Tode verurteilten und gehenkten Hauptschuldigen. Daß fast jeder neugewählte Ministerpräsident dem Schrein einen Antrittsbesuch abstattet, ist deshalb mehr als ein ritueller Akt der Pietät, dessen Symbolgehalt auch nicht dadurch geschmälert wird, indem manche Regierungschefs vor ihren Besuchen verlautbaren lassen, sie kämen nur als »Privatpersonen«.

Der Ise-Schrein verkörpert am deutlichsten den naturreligiösen Charakter des Schintoismus. Hier erleben die Besucher in den Wäldern südöstlich von Kioto, wie sich das bedeutendste nationalreligiöse Bauwerk Japans als schlichte rohe Holzkonstruktion unter hohen Bäumen duckt, ein unnachahmliches Meisterwerk gewollter und gekonnter Untertreibung. Kein größerer Kontrast ist denkbar zu den christlichen Kirchen des Abendlandes, die, himmlischen Reichtum verheißend, ihre Türme weithin sichtbar wie mahnende Finger in den Himmel strecken.

Mit der Abschaffung des Staats-Schinto 1945 auf den Druck der Siegermächte hin verloren jene drei kaiserlichen Schreine ihren staatsoffiziellen Charakter, sie wurden den anderen religiösen Stätten, den übrigen Schinto-Schreinen, den buddhistischen Tempeln und den christlichen Kirchen, als privatrechtliche Institutionen gleichgestellt und nicht länger vom Staat finanziert.

Für die frohen Ereignisse im Leben bevorzugen die Japaner den Schintoismus, während sie in den schweren Stunden Trost im Buddhismus suchen. Alljährlich in der Neujahrsnacht und in den ersten Tagen des neuen Jahres pilgern Millionen Menschen zu den Schinto-Schreinen, viele Frauen und Mädchen legen zu diesem Zweck ihre farbenprächtigen Kimonos an. Der Jahresanfang, in dem sich die Natur verjüngt, gilt den Japanern als Neubeginn. Vorher müssen die Schulden des alten Jahres getilgt werden, was geschickte Käufer auszunutzen wissen, denn wer dringend Geld braucht, geht mit seinem Preis herunter. Zugleich hebt überall im Land ein großes Reinemachen an. Was das ganze Jahr vernachlässigt wurde, schwimmt nun in Seifenschaum, abgeblätterte Farbe wird nachgestrichen, und Hausbesitzer ersetzen die verrotteten Bambuszäune durch frische grüne Stangen. Neujahr begehen die Japaner mit derselben festlichen Hingabe wie Christen Weihnachten und Ostern, ein deutlicher Ausdruck dafür, daß der Schintoismus ein Reinigungsritual darstellt und keine Glaubenslehre.

Auch die Hochzeit, mit der ein neuer Lebenszyklus beginnt, feiern die meisten Japaner nach schintoistischem Ritual. Zahlreiche Schreine, viele große Hotels und einige Privatunternehmer haben sich auf die Organisation von Hochzeiten spezialisiert. Vom Brautkleidverleih über das Festbankett samt den obligaten Geschenken an die Gäste bis hin zur Hochzeitsreise bieten sie Pauschalarrangements zu Kosten, die kleine Vermögen verschlingen, selbstverständlich einschließlich der Trauungszeremonie. Sie findet häufig in einem zum Schinto-Schrein umdekorierten Hotelsaal statt, wobei es vorkommt, daß Studenten im Nebenjob als Priester auftreten. Die vielstöckige Hochzeitstorte, deren Anschneiden von dem pauschal mitgebuchten Fotografen im Bild festgehalten werden muß, besteht aus einer Gipsattrappe, die in einer Aussparung ein kleines Stück echten Kuchens enthält, damit an dieser Stelle das Messer angesetzt werden kann. Schöner Schein ist alles. Christliche Trauungen, auf Hawaii in Mode gekommen und dort von dubiosen Pfarrern zelebriert, gelten den meisten nur als dekorative Neuheit, zumal die Rechtsgültigkeit einer Ehe vom Staat besiegelt wird.

In den fröhlichen Schreinfesten der Dörfer und Stadtbezirke, als deren Höhepunkt die Verkörperung des örtlichen Schutzgottes in einem tragbaren Schrein von rhythmisch stampfenden jungen Männern auf den Schultern durch die Gassen geschleppt wird, lebt der Schintoismus als Brauchtum fort. Degeneriert er damit zum Volksvergnügen?

Welch verschwommene Rolle er im heutigen Japan spielt, beweist ein Prozeß, dessen Anlaß zunächst unerheblich schien und der doch jahrelang die Justiz bis hin zum Obersten Gerichtshof beschäftigte. Bei der Grundsteinlegung eines neuen öffentlichen Gebäudes hatte die

Stadtverwaltung von Tsu in der Provinz Mie einen Schinto-Priester das übliche Reinigungsritual vollziehen lassen und ihn aus der Stadtkasse für seine Dienste entlohnt. Ein oppositioneller Stadtverordneter sah in dieser Schinto-Zeremonie einen Verstoß gegen die von der Verfassung bestimmte Trennung von Religion und Staat und forderte, der Oberbürgermeister müsse die Kosten privat erstatten. Nach jahrelangen Verhandlungen wies schließlich der Oberste Gerichtshof am 13. Juli 1977 die Klage des Oppositionellen mit der erstaunlichen Begründung ab, bei dem umstrittenen Schinto-Ritual handele es sich überhaupt nicht um einen religiösen Akt, es werde nur überkommenes Brauchtum praktiziert, folglich verstoße die Handlung auch nicht gegen die Trennung von Religion und Staat.

Die vage Vieldeutigkeit, die den Schintoismus heute in Japan wie in einen Dunstschleier hüllt, erlaubte es daher, daß 1989 die Todesfeiern für den Schowa-Kaiser und die Inthronisation seines Nachfolgers Akihito im traditionellen Schinto-Ritual stattfinden konnten.

Buddhismus ...

Schon die Statistik läßt vermuten, daß irgend etwas nicht stimmt. Über 80 Prozent der Bevölkerung Japans werden als Buddhisten bezeichnet, über 70 Prozent gelten als Schintoisten, und knapp ein Prozent wird den Christen zugerechnet. Das ergibt zusammen über 150 Prozent – eine statistische Unmöglichkeit. Der Fehler dieser Berechnung liegt in jener westlichen Denkweise, die als selbstverständlich unterstellt, der Mensch könne sich nur zu einer Religion bekennen. Man ist entweder Protestant oder Katholik, Muslim oder Jude.

Im Gegensatz dazu finden Japaner nichts dabei, sich aus dem Angebot der Religionen und Weltanschauungen das herauszusuchen, was den jeweiligen Bedürfnissen entgegenkommt. Die Mehrzahl der Japaner heiratet nach schintoistischem Ritual und läßt sich buddhistisch beerdigen; statistisch gelten sie mithin als Schintoisten und Buddhisten zugleich. Viele schicken ihre Kinder auf eine christliche Universität und feiern mit den Kleinsten Weihnachten. Japaner sehen darin keinen Bruch.

Daraus allerdings den Schluß zu ziehen, sie seien religiös besonders aufgeschlossen, wäre völlig falsch. Religion spielt im Leben eines Japaners eine sehr geringe Rolle, und die Frage nach seiner religiösen Zugehörigkeit bringt ihn leicht in Verlegenheit.

Religion als Frage nach dem Sinn des Lebens und damit nach dem Wesen des Todes beansprucht keinen zentralen Platz im Denken und Empfinden der Japaner, nicht anders übrigens als in China und Korea und in augenfälligem Kontrast zur tiefen Religiosität Südostasiens. Diese Tatsache geht wahrscheinlich auf die Morallehre des Konfuzius (551–479 v. Chr.) zurück, die von China aus ganz Ostasien prägte und die in ihrer ursprünglichen Form, ähnlich dem europäischen Humanismus, ohne den Glauben an göttliche Kräfte auskam.

Selbstverständlich streben die Japaner, wie alle Menschen, nach einem glücklichen und langen Leben. Doch erscheint ihnen der Tod eher als ein naturgegebener Abschluß denn als Übergang in ein ungewisses, schreckliches Jenseits. Nach einem einfachen Trauerritual werden die meisten Toten verbrannt und in fast schmucklosen Gräbern auf buddhistischen Friedhöfen beigesetzt. Mit dem Tod endet alles, deshalb fürchtet man ihn, nicht aber, was bei den westlichen Hochreligionen dazukommt, wegen des Jüngsten Gerichts.

Daß die meisten Japaner sich, obwohl ohne tiefe Religiosität, zwei Religionen gleichzeitig zurechnen lassen, mag auf den ersten Blick paradox erscheinen. Dennoch liegt darin kein Widerspruch, weil Schintoismus und Buddhismus in der pragmatischen Welt der Japaner unterschiedliche soziale Bedürfnisse erfüllen, wobei das eigentlich Religiöse, die Sinndeutung menschlicher Existenz, in den Hintergrund gedrängt wird. Von der Lebensbejahung, der Naturnähe, dem Reinheits- und dem Fruchtbarkeitskult des Schintoismus war schon die Rede. Mit der verzweifelten Suche des einzelnen und Einsamen nach Erlösung und Vergebung haben schintoistische Überlieferungen wenig zu tun.

Echte Religiosität erleben Japaner im Buddhismus. Das Halbdunkel buddhistischer Tempel, die monoton-schwermütigen Rezitationen der Mönche, Kerzenlicht und Räucherstäbchen sowie der schicksalsschwere dumpfe Schall der Trommeln schaffen eine Stimmung, welche die Menschen aus ihrer irdischen Gebundenheit löst. So wird verständlich, daß mit dem Tod die Stunde der buddhistischen Priester kommt. Daneben hat die Verbundenheit der Japaner mit dem Buddhismus auch einen realpolitischen Hintergrund. Anfang des 17. Jahrhunderts ordnete der Shogun Ieyasu die Registrierung aller Personen im nächstgelegenen buddhistischen Tempel an, um die Christen, die er ausrotten wollte, zu zwingen, sich zu ihrem Glauben zu bekennen. Damit bürgerte sich eine Zugehörigkeit jedes einzelnen zu irgendeinem buddhistischen Tempel ein, die, wenn überhaupt, heute noch darin überlebt, daß die Familiengräber auf den Friedhöfen jener Tempel liegen.

Gewiß haben sich im Lauf der Jahrhunderte auch in Japan unzählige buddhistische Priester und Gelehrte mit dem Nirwana beschäftigt, mit der Erlösung aus dem Kreislauf des Leidens, aber die überwiegende Mehrheit der Bevölkerung ist ihnen dabei nicht gefolgt. Lieber stutzte sich das Volk diesen schwierigen Glauben für seine einfachen irdischen Bedürfnisse zurecht. Die Angst vor Höllenstrafen und vor unzähligen Wiedergeburten hat die Japaner nie sonderlich beunruhigt. Daher haben nur selten Menschen dem Leben entsagt und sich als Eremiten in die Einsamkeit zurückgezogen oder durch Selbstkasteiung das Rad des Lebens aufzuhalten versucht. Jeder konnte in Japan zum Buddha werden, also Erlösung finden, dazu genügte es, die simplen Rituale zu praktizieren, und die meisten gaben sich damit zufrieden. Noch heute stehen in den japanischen Wohnungen Familienschreine, in denen die Verstorbenen verehrt werden, man bietet ihnen täglich frische Nahrung an, fast so, als weilten sie noch unter den Lebenden. Weil es aber kein Wiedersehen mit den Toten geben kann, verblaßt die Erinnerung zumeist nach drei Generationen, während jüngst Verstorbene neue Aufmerksamkeit verlangen.

Für Japan liegt die Bedeutung des Buddhismus vor allem darin, daß mit ihm und durch ihn im 7. Jahrhundert die chinesische Kultur in Japan Eingang fand, ein Ereignis, das sich in seiner Bedeutung nur noch mit der Öffnung des Landes zum Westen in der zweiten Hälfte des vergangenen Jahrhunderts vergleichen läßt und das die

Lebensweise dieses Volkes nicht weniger radikal veränderte als auf der anderen Seite des Globus der griechisch-römisch-christliche Einfluß die Welt der Germanen.

Auch der Zen-Buddhismus mit seinen Konzentrations- und Meditationspraktiken, mit seiner Naturnähe und seiner Ästhetik der Schlichtheit, diente mehr der Selbstverwirklichung der Samurai im irdischen Dasein als der Vorbereitung auf das Jenseits und hat sich bis in die Gegenwart als eine Methode der Entspannung und der Regeneration, weithin losgelöst von transzendentalen Bezügen, erhalten. Auch Christen und Atheisten finden heute in Zen-Meditationen neue Kraft. Daneben hat der Buddhismus auf unvergleichliche Weise die japanische Kunst geprägt, wobei die zen-buddhistische Malerei mit ihrer sparsamen, kraftvollen und spontanen Pinselführung japanische Originalität und Stilsicherheit auf das eindrucksvollste belegen.

Die friedliche Koexistenz zwischen Schintoismus und Buddhismus stellt ein in der Weltgeschichte seltenes Beispiel jahrhundertelanger religiöser Toleranz dar. Gewiß hat es in den gegenseitigen Beziehungen nicht an Spannungen gefehlt. Hatten anfangs die mächtigen buddhistischen Tempel in Nara und Kioto versucht, über ihren Einfluß auf das Kaiserhaus den Schintoismus zu schwächen, drängten im vergangenen Jahrhundert die Nationalisten den Kaiser in die Rolle eines lebenden Schinto-Gottes und erklärten den Schintoismus zum patriotischen Sammelbecken, was auf eine Auszehrung des Buddhismus hinauslief. Festzuhalten aber bleibt, daß die japanische Geschichte keine haßerfüllten, blutigen Religionskriege zwischen Schintoisten und Buddhisten kennt.

Der prächtige Asakusa-Kannon-Tempel in Tokio, dem Touristen nur selten ansehen, daß es sich um eine Nachbildung aus Beton handelt – der würdevolle alte Holzbau fiel im Zweiten Weltkrieg den Brandbomben zum Opfer –, geht der Legende nach auf Fischer zurück, die eines Tages in ihrem Netz eine Statue der Kannon, der buddhistischen Göttin der Barmherzigkeit, fanden. Auf demselben Gelände, gleich nebenan, genießen jene Fischer in einem Schinto-Schrein göttliche Verehrung.

Seit Anfang des Jahrhunderts entstehen immer wieder neue Sekten, deren manche sich gleichsam über Nacht millionenfachen Zulaufs erfreuen, während viele ebenso rasch in die Bedeutungslosigkeit absinken. Manchmal von Frauen gegründet, mischen einige dieser neuen Glaubenslehren buddhistisches und schintoistisches Gedankengut mit bäuerlichen Überlieferungen und mit Aberglauben. Obgleich sie sich als Religionen präsentieren, dienen sie vorwiegend dem unteren Mittelstand der Gewerbetreibenden, Handwerkern, Händlern und vereinsamten Ehefrauen, deren Männer sich im Dienst an ihrer Firma verzehren, als Auffangbecken. In fast allen Fällen verstecken sich hinter den religiösen Ritualen und Botschaften florierende Wirtschaftsunternehmen, die den Sektenführern ein Dasein als Multimillionäre ermöglichen. Der buddhistischen Soka Gakkai (etwa: Gesellschaft, die neue Werte hervorbringt), einer Sammlungsbewegung des entwurzelten Kleinbürgertums, sollen sieben Millionen Familien angehören. Mit ihrem politischen Zweig Komeito (Partei für eine saubere Regierung), von dem sie sich später formal trennte, schaffte sie nach dem Zweiten Weltkrieg sogar den Sprung in den Reichstag. Die Mun-Sekte, deren Führer aus Korea stammt, hat sich nicht nur in Japan, sondern über den ganzen Globus verbreitet.

Weltweites Entsetzen löste im Frühjahr 1995 die eine vulgäre Mischung von tibetischem Buddhismus und Hinduismus predigende Aum Shinrikyo-Sekte mit ihren Giftgasanschlägen in der Tokioter U-Bahn aus, mit denen diese offenbar den von ihr vorhergesagten Weltuntergang beschleunigen wollte. Seitdem zerbrechen sich die Japaner den Kopf, wie so etwas in ihrer gutgeordneten Wohlstandsoase passieren konnte. Lassen sich die Verbrechen der nur relativ wenige Mitglieder zählenden Aum Shinrikyo hinreichend damit erklären, daß alle modernen Industriestaaten immer komplizierter und anfälliger für Störungen durch Terroristen aller Arten werden.? Was die Aum Shinrikyo, die zudem mehrerer Morde beschuldigt wurde, von anderen Sekten unterschied, war eine Führungsspitze, zu der im zweiten Glied hervorragend ausgebildete Absolventen erstklassiger Universitäten gehörten. Das führte zu Vermutungen, daß unter Japans hochqualifiziertem Nachwuchs der Mißmut über erstarrte hierarchische Strukturen, über ausgetretene Karriereretreppen und über fehlende Herausforderungen wächst. Aum Shinrikyo als Indiz, daß eine auf Leistung und Anpassung programmierte Gesellschaft die Bedeutung ideeller Werte und Ziele vernachlässigt, als japanischer Sonderfall also, ohne Parallele zu den Terrorakten islamistischer Glaubensfanatiker? Noch bleiben viele Fragen und wenig überzeugende Antworten.

P. S. Wie man einen buddhistischen Tempel von einem Schinto-Schrein unterscheidet? Im Innern machen Buddha-Darstellungen oder ihr Fehlen die Klärung leicht. Doch bereits ein Blick auf das Äußere verrät die Unterschiede. Buddhistische Tempel prunken, ihrer chinesischen Herkunft gemäß, mit rotlackierten Säulen und prachtvoll vergoldeten Schnitzereien. Schinto-Schreine zeigen ihre Würde in Schlichtheit, in fehlender Bemalung, in der natürlichen Maserung des Holzes.

... und Christentum

Das Christentum hat sich in Japan nicht als Volksreligion durchzusetzen vermocht, obgleich es an intensiven Missionsbemühungen nicht gefehlt hat. Dem später heiliggesprochenen Franziskus Xavier, der 1549 den katholischen Glauben nach Japan brachte, gelang es, das Christentum rasch in Südjapan zu verbreiten, da sich einige der mächtigen Feudalherren der Gegend bekehren ließen. Außerdem öffnete sich Japan zu jener Zeit dem westlichen Handel, zumal sich die Daimyo besonders an Waffen interessiert zeigten. Die anfängliche Bereitwilligkeit der Elite in Kioto, christliches Gedankengut aufzunehmen, schlug jedoch bald um. Schuld daran waren zum Teil die katholischen Missionare selbst, deren unerfreuliche Machtkämpfe zwischen Jesuiten und Franziskanern ebenso wie die Intoleranz aller europäischen Missionare gegenüber den Buddhisten Abneigung und Widerstand provozierten. Hinzu kam, daß die damaligen Herrscher in Kioto mit Unbehagen beobachteten, wie die Fürsten im Süden dank europäischer Waffen immer mächtiger wurden. Sie argwöhnten plötzlich, die Missionare könnten sich als Vorboten europäischer Eroberer entpuppen – eine keineswegs unberechtigte Sorge, wenn man bedenkt, wie die europäischen Seemächte die Verbreitung des christlichen Glaubens zur Legitimierung ihrer menschenverachtenden Kolonialpolitik zu mißbrauchen pflegten. Der Feldherr Hideyoshi ordnete die gnadenlose, blutige Unterdrückung der Christen an, und es kam zu grausamen Verfolgungen, vor allem in der Gegend um Nagasaki. 1639 war der erste christliche Missionsversuch in Japan gescheitert.

Ausgerechnet auf Nagasaki, wo Hideyoshi die Missionare und die ersten Christen hatte kreuzigen lassen und wo wie in keiner anderen Stadt Japans Märtyrer des christlichen Glaubens verehrt wurden, warfen die Amerikaner 1945 ihre zweite Atombombe.

Die zweite Missionswelle erfolgte in der Zeit, als sich Japan im vorigen Jahrhundert dem Westen öffnete, sie wurde von protestantischen Missionaren, die vorwiegend aus Amerika kamen, angeführt. Ihr Anliegen war nicht auf den Glauben beschränkt, sondern galt auch der praktischen Hilfe. Sie gründeten Krankenhäuser, Kindergärten und Schulen, darunter höhere Schulen für Mädchen sowie Universitäten und Heime für Behinderte. Aus der Modernisierung Japans ist dieser christliche Beitrag zum Erziehungswesen und zur Betreuung Benachteiligter nicht wegzudenken. Nicht zuletzt deshalb ist es zu keiner Christenverfolgung mehr gekommen. Im Zweiten Weltkrieg allerdings zwang der Staat die 34 verschiedenen protestantischen Gruppen in einen Dachverband (*nihon kirisuto kyodan*), um sie besser und effektiver kontrollieren zu können.

Berücksichtigt man, daß seit Ende des Zweiten Weltkriegs völlige Religionsfreiheit herrscht, eine Missionstätigkeit mithin keinerlei Einschränkungen unterworfen ist, dann erweisen sich die Resultate von über hundert Jahren ununterbrochener Missionsbemühungen als überaus bescheiden. Protestanten und Katholiken machen zusammen weniger als ein Prozent der Gesamtbevölkerung aus. Allerdings ist diese Zahl insofern irreführend, als der tatsächliche Einfluß christlichen Gedankengutes weit darüber hinausreicht. Denn jene knappe Million bekennender Christen umfaßt unverhältnismäßig viele Professoren, Ärzte, Rechtsanwälte, Wirtschaftsführer, hohe Beamte, Künstler und Politiker. Außerdem darf unterstellt werden, daß Japans Christen als Minderheit ihren Glauben ernster nehmen als Buddhisten und Schintoisten.

»Christlich« gilt als eine Art Gütesiegel. Die Ausbildung in einer christlichen Schule garantiert solide Wissensvermittlung und dazu eine Charakterbildung nach klaren moralischen Prinzipien. Die katholische Sophia-Universität, weitgehend gefördert von deutschen Katholiken, und die vorwiegend von amerikanischen Protestanten betreute International Christian University gehören zu Japans renommiertesten Hochschulen. Doch bekennen sich nur etwa zehn Prozent der jeweiligen Studentenschaft zum Christentum. Die Mehrzahl erhofft sich hier eine gute Ausbildung, die den Absolventen einen besonders guten Karrierestart ermöglicht. Radikale Studentenbewegungen haben auch vor den Toren der christlichen Hochschulen nicht haltgemacht, gerade weil dort geistige Auseinandersetzung besonders ernst genommen wird.

Alles Ansehen, das die Christen heute in Japan genießen, täuscht jedoch nicht darüber hinweg, daß es der

Missionsarbeit nicht gelungen ist, aus einem kleinen, begrenzten Umfeld auszubrechen und in breite Bevölkerungskreise hineinzuwirken. Erfolgreich und beispielgebend waren die Christen bislang nur in der praktischen Lebenshilfe, doch gemessen an der Absicht, dem ganzen japanischen Volk die christliche Erlösungsbotschaft zu bringen, also über den elitären Bereich hinaus ganz Japan zu bekehren, sind sie gescheitert.

Den Hauptgrund für diesen Mißerfolg wird man wohl in den unterschiedlichen Lebensvorstellungen des Westens und des Ostens sehen müssen. Man denke nur, welche Mühe es Japanern bereiten muß, den Begriff Sünde zu verstehen, der allein als Verstoß gegen göttliche Gebote begreifbar wird, während sie Wohlverhalten, Konformität, wirkungsvoller durch Scham als durch Schuldgefühle einfordern. Dem Buddhismus, der lange vor Ankunft der ersten Christen sich in Japan ausgebreitet hatte, geht es nicht um Vergebung von Sünden, sondern um Erlösung vom Leid. Wer sich aber nicht im Zustand der Sünde sieht und infolgedessen nicht auf Vergebung hoffen muß, dem hat das Christentum wenig zu sagen. Wo kein Bedarf besteht, muß, in die moderne Handelssprache übersetzt, jedes Angebot scheitern.

Japanisch ist schwer

Es gibt eine hübsche Geschichte von einem jungen Ausländer, der zu Hause jahrelang Japanisch studiert hatte und endlich nach Japan gekommen war, um bei einer Familie zur Theorie noch die praktische Geläufigkeit zu erwerben. Als die Familie einmal für kurze Zeit verreiste, bat sie ihn, das Haus zu hüten. Der junge Gast kam gut zurecht, beantwortete Telefonanrufe und fertigte an der Haustür klingelnde Händler ab. Ein paar Tage nachdem seine japanische Gastfamilie wieder zurückgekehrt war, erzählte die Hausfrau, sie habe auf ihrem Einkaufsbummel eine Freundin getroffen, die ihr berichtete, als sie kürzlich angerufen habe, sei ein fremder Japaner am Telefon gewesen. Bei diesen Worten leuchteten die Augen des Studenten auf. Er hatte es geschafft, man hatte ihn für einen Japaner gehalten. »Ja, und dann meinte meine Freundin noch«, fügte die Hausfrau hinzu, »das müsse wohl ein etwas verwirrter Japaner gewesen sein.«

Japanisch ist schwer, und die Schwierigkeiten beginnen schon mit der Schrift. Selbst in ihrer frühen Vergangenheit hatten die Japaner keine eigene Schrift hervorgebracht, deshalb übernahmen sie vor knapp eineinhalb Jahrtausenden mit vielen anderen Elementen der chinesischen Kultur kurzerhand die chinesischen Schriftzeichen (die auf japanisch *kanji* heißen), die jeweils Inhalte, also keine Lautfolgen, ausdrücken. Weil aber die japanische Sprache völlig anders aufgebaut ist als die chinesische und weil das Japanische zahlreiche dem Chinesischen unbekannte Endungen und verbindende Partikel enthält, mußten sie zur Ergänzung zwei eigene Silbenalphabete, *hiragana* und *katakana*, entwickeln. *Hiragana* dient heute vorwiegend grammatikalischen Erfordernissen, während in *katakana* vor allem aus fremden Sprachen übernommene Wörter ausgeschrieben werden. Folglich ist die japanische Schrift eine Mischung aus chinesischen Zeichen und japanischen Silben.

Damit nicht genug, übernahm Japan mit vielen chinesischen Zeichen auch deren chinesische Aussprache (die man allerdings der eigenen Sprachmelodik anpaßte), behielt aber zugleich die alten japanischen Bezeichnungen bei. Ob zum Beispiel das Wort Berg als *yama* (altjapanisch) oder *san* (aus dem Chinesischen) ausgesprochen wird, ergibt sich aus dem Sprachgebrauch, ist jedoch dem Schriftzeichen für Berg, das aus drei senkrechten Strichen, die auf einer waagerechten Linie stehen, nicht anzusehen. Das führt dazu, daß Japaner auf den unverzichtbaren Visitenkarten neben den Schriftzeichen ihres Namens häufig in Silbenschrift die Aussprache dazu vermerken.

An sich könnten die Japaner sämtliche (chinesischen) Schriftzeichen abschaffen und alle Worte in Silbenschrift formulieren. Damit die Fahrkartencomputer der Eisenbahn nicht mit Tausenden von Schriftzeichen gefüttert werden müssen, drucken sie beispielsweise die Ortsbezeichnung Tokio in einfacher Silbenschrift aus (*to-ki-yo-u*), obgleich die korrekte Schreibweise aus den beiden Zeichen für Osten und Hauptstadt besteht. Der Schreibunterricht in den Schulen beginnt mit dem Erlernen der Silbenalphabete; mit ihnen können die Kinder bereits alles formulieren, bevor sie auch nur ein einziges Zeichen beherrschen. Trotzdem denkt niemand daran, die Schriftzeichen chinesischen Ursprungs abzuschaffen, weil künftige Generationen dann die gesamte überlieferte Literatur nicht mehr lesen könnten. Japaner sind in ihrem geistigen Verhalten konservativ, ihre Anpassungsfähigkeit in äußeren Dingen täuscht darüber leicht hinweg.

Darüber hinaus spricht ein sehr praktischer Grund für das Beibehalten der *kanji*. Eine Vielzahl verschiedener Zeichen (und damit Worte) hat häufig dieselbe Aussprache. Erst der Blick auf das Zeichen läßt im Zweifel erkennen, was gemeint ist. Ein aufmerksamer Beobachter sieht gelegentlich einen Japaner im Gespräch mit Landsleuten plötzlich mit dem Finger der einen Hand auf der Handfläche der anderen, wie mit Pinselstrichen, ein Zeichen andeuten, oder mit einem abgebrochenen Zweig ein Zeichen in den Straßenstaub malen, um Mißverständnisse aufzuklären.

Die Tücken der japanischen Sprache sind damit noch lange nicht hinreichend beschrieben. Bei Hauptwörtern lassen sich Ein- und Mehrzahl nicht unterscheiden, für Verben gibt es keine Konjugation. *Hon* heißt ebenso das Buch wie die Bücher, und *yomimas* kann alles bedeuten, von: ich lese, über: du liest, bis: sie lesen. Was gemeint ist, ergibt sich erst aus dem Zusammenhang. An diesen kurzen Beispielen wird eine der entscheidenden Besonderheiten der japanischen Sprache deutlich: sie kommt mit Kürzeln aus, wo andere Sprachen ausführliche Präzisierungen erfordern. Denn Japanisch wird von einem Volk gesprochen, das Jahrtausende lang isoliert vor sich hin lebte. Dabei sind die sozialen Spielregeln jedem derart in Fleisch und Blut übergegangen, daß man weiß, was gemeint ist, ohne daß es langer Erklärungen bedarf.

Wer sich mit der japanischen Sprache beschäftigt, muß davon ausgehen, daß sie als Kommunikationsmittel keine etwa dem Amerikanischen vergleichbare Rolle spielt, mit dem sich Menschen verschiedenster geographischer Herkunft und unterschiedlichster kultureller Prägung miteinander verständigen.

Vieles kann in Japan unausgesprochen bleiben, weil man sich innerhalb des geschlossenen Volksganzen wiederum meist in festgefügten Gruppen bewegt. Schweigen innerhalb eines japanischen Personenkreises erzeugt daher keineswegs jene peinliche Leere, die man im Westen fürchtet, denn auch das Nichtreden ist hier mit Inhalt gefüllt. Japans Schöpfungsgeschichte könnte nicht, wie die Bibel, mit dem Satz »Am Anfang war das Wort« beginnen. Worte werden für Japaner oft erst dann notwendig, wenn *haragei*, das beredte Schweigen, der vielsagende Blick, versagt.

Das Grundbedürfnis nach Harmonie bestimmt die Kommunikation. Sie steht in der Pflicht, den sozialen Gleichklang zu erhalten. Japaner neigen folglich dazu, einem Gast zuzustimmen, auch wenn sie selbst anderer Meinung sein sollten, weil sie der Höflichkeit, der Rücksichtnahme auf einen Gast, einen höheren Wert zumessen als der eigenen Überzeugung.

Wie schon in der Einleitung dargelegt, bedeutet ein Ja auf japanisch, *hai*, durchaus nicht immer Zustimmung, es meint in der Regel nur, »ich verstehe, warum du das sagst«. Echte Zustimmung wäre von zusätzlichen, verstärkenden Signalen begleitet. Auch eine japanische Ablehnung will verstanden sein. Wenn es irgend geht, vor allem in folgenreichen Situationen, vermeiden Japaner ein klares und hartes Nein, *iie*, nicht aus Entschlußlosigkeit, sondern weil jede deutliche Ablehnung, jede negative Entscheidung, die bestehende Harmonie gefährdet. Einen Gesprächspartner auf ein klares Nein hinzudrängen, beweist einen außerordentlichen Mangel an Manieren. Die Kunst des Dialogs besteht darin, gar nicht erst eine Situation heraufzubeschwören, in der ein Nein unausweichlich wird.

Ein deutscher Bürochef würde seiner Sekretärin sagen, sie möge bitte auf dem Nachhauseweg den Eilbrief zur Post bringen. Sein japanischer Kollege formuliert diese Bitte vager: »Es wäre gut, wenn dieser Eilbrief noch zur Post käme.« Damit läßt er der Sekretärin die Möglichkeit offen, negativ zu reagieren mit »schade, aber ich habe gleich nach Dienstschluß eine Verabredung«, ohne daß sie eine konkrete Bitte abschlägig bescheiden müßte. Die offene Konfrontation wäre vermieden. Japaner sind Meister im Nuancieren.

In Japan lebende Ausländer fühlen sich oft unbehaglich, wenn sich Japaner zu einer Besprechung anmelden, weil häufig erst einmal lange über das Wetter und die Gesundheit gesprochen wird, bevor deutlich wird, was den Gast herführt. Ausländische Geschäftsleute – und zunehmend japanische Unternehmer – halten solche zeitraubenden Einführungen für Zeitverschwendung. Traditionsverhaftete Japaner hingegen mögen nicht darauf verzichten, weil auf diese Weise zunächst mit unverfänglichen Themen Einmütigkeit erzielt wird, die sich

positiv auf die bevorstehende ernsthafte Diskussion aus-
wirkt. *Kimochi* nennen die Japaner jenes Gefühl des
Gleichklangs, des gemeinsamen Wohlbehagens, ohne
das nach ihrer Meinung ein vernünftiges Gespräch nicht
möglich ist. Zu Recht gehen sie davon aus, daß auch in
Sachfragen neben den Argumenten Stimmungen und
Gefühle die Entscheidungen beeinflussen. Wichtig ist es,
dem anderen entgegenzukommen und sich selbst nicht
in den Vordergrund zu schieben.

Zwar gibt es im Japanischen das Personalpronomen
ich, *watakushi*, doch redet man am besten nie direkt von
sich selbst. Den Umständen, der Wahl der Verben und
den Höflichkeitsabstufungen ist fast immer zu entneh-
men, von wem die Rede ist. Wer sich selbst möglichst
klein macht, beweist besseren Stil als derjenige, der seinen
Partner hochlobt. Aufschlußreich für das fortdauernde
hierarchische Denken sind die nach wie vor gebräuch-
lichen vielfältigen Bezeichnungen für die einzelnen Fa-
milienmitglieder. Ob es sich um den eigenen Vater, *chichi*,
oder den Vater Dritter, *otosan*, um die eigene Mutter,
haha, oder die Mutter Dritter, *okasan*, um die eigene ältere
Schwester oder den jüngeren Bruder Dritter handelt: jeden kennzeichnet ein anderes Wort. In der japanischen
Gesellschaft möchte jeder genau wissen, welchen Platz
der andere einnimmt, welcher Rang dem anderen zukommt.

Japaner sind im täglichen Umgang stets auf gegensei-
tige Rücksichtnahme bedacht. Ihre häufigen und tiefen
Verbeugungen, die die Funktion unseres Händeschüt-
telns erfüllen, sind Demutsgebärden. Wenn die Verkäu-
ferin die verpackte Ware aushändigt oder die Gastgebe-
rin das Essen auf den Tisch stellt, folgt unweigerlich die

Entschuldigung *omatase itashimashita*, es tut mir leid, daß ich Sie warten ließ.

Keine andere Sprache der Welt reicht an das Japanische heran, wenn es darum geht, Höflichkeit und Respekt auszudrücken. Für das Verb »sich aufhalten, dasein« zum Beispiel kennt die japanische Sprache drei verschiedene Wörter, je nachdem ob man bescheiden von sich selbst redet (*orimas*), ob ganz neutral von jemandem gesprochen wird (*imas*) oder ob es sich um eine Respektsperson handelt beziehungsweise um einen Gleichrangigen, dem aus der Situation heraus Höflichkeit zukommt (*irasshaimasu*). Für jedes dieser Verben existieren, wie für alle japanischen Verben, eine formelle und eine gewöhnliche Ausdrucksweise, wobei selbstverständlich die erstere als höflicher gilt.

Zahlreiche an sich neutrale Verben lassen sich wiederum in abgestufte Höflichkeitsformeln verwandeln; so wird etwa aus dem neutralen Wort für »essen und trinken«, *taberu*, das höflichere *o tabe ni naru*, das gleichwohl nicht an das bereits in sich höfliche Verb für essen und trinken, *meshiagaru*, heranreicht. Solch kurze Beispiele vermitteln nur einen blassen Eindruck von den vielfältigen Abstufungen und Möglichkeiten der Ausdrucksweise. Zum guten Ton gehört, für jeden die angemessene Form zu finden. Wer sich in den Formulierungen nach oben vergreift, macht sich ebenso lächerlich wie jemand, der den gebührenden Respekt verweigert.

Als Ausdruck der Höflichkeit wird Hauptwörtern häufig ein *o* vorangesetzt. Wer sich nach der Gesundheit (*genki*) eines anderen erkundigt, spricht von *o-genki*. Handelt es sich um die eigene Gesundheit, beginge man mit *o-genki* einen so groben Formverstoß, daß viele Japaner nicht einmal begreifen würden, wovon die Rede ist. Ebenso wird aus dem Gast, *kyaku*, sobald es sich um einen willkommenen Besucher handelt, ein *o-kyakusama*, ein geschätzter Herr Gast, und aus dem Auto, *kuruma*, das einem Bekannten gehört, ein *o-kuruma*; wiederum unverständlich und unverzeihlich wäre es, dem eigenen Auto ein *o* voranzusetzen. Überdies hat es sich eingebürgert, das *o* zur Aufwertung gesellschaftlich unfeiner Ausdrücke zu verwenden, so daß – wie bereits erwähnt – von Geld, *kane*, nur als *o-kane* gesprochen wird, auch wenn es ums eigene Geld geht, eine Eigenheit, die Sprachstudenten verwirrt, weil es keine Regel gibt, an die man sich halten könnte.

Käme es nicht einem Wunder gleich, wenn sich die japanische Sprache beim Zählen leicht täte? Die Zahlen eins, zwei, drei … – *ichi, ni, san* … – sind chinesischen Ursprungs und gelten nur für abstrakte Angaben und Berechnungen, also im Zahlungsverkehr und in der Mathematik. Konkrete, leblose Gegenstände werden dagegen traditionell japanisch als *hitotsu, futatsu, mitsu* … gezählt, während für dünne flache Gegenstände wie eine Zeitung die Zählweise *ichimai, nimai* und so weiter gilt. Japaner müssen eine Vielzahl unterschiedlicher Zählweisen lernen: für Menschen, für Autos, für Zimmer, für lange runde Dinge wie Bierflaschen oder Bäume. Und diese kurze Aufzählung ist keineswegs erschöpfend. Auch folgt im japanischen Dezimalsystem auf hundert und tausend als eigene Einheit zehntausend (*ichi man*), so daß eine Million sich im Japanischen zu »hundert Zehntausende« (*hyaku man*) verwandelt.

Zum Glück gibt es auch Lichtblicke. Da es dank der

Silbenschrift *katakana* möglich ist, Lehnwörter aus anderen Sprachen lautähnlich wiederzugeben, erweist sich das Japanische als ungewöhnlich flexibel. Die an ihre Schriftzeichen gebundenen Chinesen tun sich außerordentlich schwer, moderne Technologie oder westliche Wissenschaft sprachlich zu verarbeiten, weil sich Begriffe wie radioaktive Isotope oder *information highway* nicht in jahrtausendealten Symbolbildern wiedergeben lassen. Dies ist einer der Gründe, warum die Volksrepublik China langfristig die Abschaffung der chinesischen Schrift und die Einführung des lateinischen Alphabets anstrebt, auf das sich bereits die Vietnamesen umgestellt haben.

Den Japanern zwingt sich das Problem nicht auf, da sie fremde Begriffe in *katakana* schreiben können, wenngleich nicht ganz wortgenau, weil ihnen, verallgemeinernd gesagt, nur komplette Silben und nicht einzelne Buchstaben zur Verfügung stehen, mit Ausnahme der Vokale und des Konsonanten *n*. Der Tag mag kommen, an dem die Chinesen lateinisch schreiben, während die Japaner als einziges Volk nach wie vor chinesische Schriftzeichen benutzen. Damit hätte sich ihr Beharrungsvermögen erneut auf das eindrucksvollste bewiesen.

Seit der Öffnung des Landes im vorigen Jahrhundert saugt die japanische Sprache aus dem Englischen, Französischen, Deutschen und Holländischen ständig neue Begriffe auf. Dabei wird aus dem englischen Weihnachten (*christmas*) *kurisumasu*, aus Amerikas Fast-food-Kette MacDonald's *makudonarudo*, wo man billige *hanbaga* (Hamburger) verzehren kann; *basukon* ist das Produkt aus den Anfangssilben des englischen Begriffs für

Geburtenkontrolle (*birth control*), und der Verkäufer (englisch: *salesman*) verwandelt sich, da das Japanische kein *l* kennt, in den *seerusuman*. Japans populärster Sport bleibt nach wie vor *besuboru* (Baseball), doch holt *sakka* (englisch: *soccer* = europäischer Fußball) rasch auf. Wer als Ausländer hinter *sekushuaru harasumento* sexual harassment, also sexuelle Belästigung, erkennt, ist auf dem Weg zum Sprachexperten.

Auch das Deutsche hat den japanischen Sprachschatz bereichert: *arubaito*, das Jobben von Studenten, ist aus dem Wort Arbeit hergeleitet; *noirooze* und *arerugii* (Neurose und Allergie) erinnern beide daran, daß Japan die Einführung der modernen Medizin deutschen Ärzten verdankt.

An der *Katakana*-Silbenschrift ist jeweils zu erkennen, daß es sich um japanisierte Lehnwörter handeln muß, doch wer würde hinter *rabu* das englische Wörtchen *love* vermuten und hinter einem Schild, das *paama* anpreist, die japanisierte Abkürzung von Dauerwellen (englisch: *permanent waves*) und folglich den Damenfrisör?

Keine Angst vor Sprachproblemen

Bitte verstehen Sie, verehrte Leserinnen und Leser, diese Darlegungen nicht als einen Versuch, Ihnen den Mut abzukaufen. Denn hoffnungslos ist die Lage von Ausländern in Japan keineswegs. In den großen Hotels, in den Reisebüros, in den großen Firmen und Kaufhäusern findet sich immer jemand, der Englisch und – in seltenen Fällen – sogar Deutsch spricht. Die wichtigen Ortsangaben sind im ganzen Land auch in lateinischer Umschrift angezeigt. Wer nicht als Tourist für wenige Tage nach Japan kommt, sollte wenigstens das Silbenalphabet *katakana* sowie die beiden wichtigsten Zählarten lernen und – überaus nützlich – wie man sich auf japanisch bedankt. Das ist in wenigen Tagen zu schaffen. Natürlich können Sie damit keine Unterhaltung mit Japanern bestreiten, doch erzeugt bereits das Bemühen um minimale Kenntnisse dieser schwierigen Sprache jene Sympathien, ohne die man in diesem Land nichts erreicht.

Normalerweise gehen Japaner davon aus, daß Ausländer des Japanischen nicht mächtig sind. Wie man trotzdem zurechtkommt, mag folgende Situation demonstrieren: Ein Japaner steht vor der Haustür einer ausländischen Familie. Da er nur japanisch spricht, vermag die Hausfrau nicht festzustellen, ob es sich um den Gasmann oder einen Autoverkäufer handelt. Also bittet sie ihn gestikulierend in die Wohnung, ruft einen mehrsprachigen Japaner an (diese Rolle fällt meist einem Mitarbeiter im Büro ihres Mannes zu), erläutert den Fall, und drückt sodann dem unbekannten Besucher das Telefon in die Hand. Nachdem beide Japaner eine Zeitlang gesprochen haben, läßt sie sich den Hörer wiedergeben und berichten. Diese Art des Dialogs geht solange zwischen den Beteiligten hin und her, bis der Fall geklärt ist. Das Verfahren läßt sich überall anwenden, ob in einem Laden, beim Zahnarzt oder in der Autowerkstatt. Ein Telefon ist immer zur Hand.

Kunst
oder
Mit den Augen sehen kann jeder

In der Kunst offenbart sich die Seelenlage eines Volkes. Mögen die Japaner ihre Worte auch noch so behutsam wählen, vor allem gegenüber Fremden, in ihrer Kunst geben sie sich frei und ehrlich, unbefangen. Allerdings muß man dieser Kunst nachspüren, denn über dem Japanischen liegt eine dicke chinesische Schicht. Tuschemalerei, vor allem die Kalligraphie, auch die Kunst, Zwergbäume zu züchten, Tempelarchitektur, buddhistische Figürlichkeit, Gartenkunst und selbst der Kimono wurden vor gut tausend Jahren aus China übernommen.

Nie hat es den Chinesen an Selbstbewußtsein gefehlt, bis heute schreiben sie ihren Staat mit den Zeichen »Reich der Mitte«, und der Begriff ist gleichbedeutend mit Zentrum der Welt. Diese Haltung spiegelt sich natürlich in ihrer Kunst, in den prächtigen Goldschnitzereien der Tempel, im aggressiven Rot der Lackierungen, in den gewaltigen Dimensionen der Paläste. Japanisch ist das ganze Gegenteil dessen. Während die Chinesen als älteste und bis in die Gegenwart unverbrauchte Hochkultur der Welt ihr Können gerne zur Schau stellen, haben die Japaner Einfachheit, Schlichtheit, das Understatement, zur unnachahmlichen Kunstform entwickelt. In ihrer Kunst verbergen sich höchste Raffinesse und verfeinerte Ästhetik hinter gewollter Schlichtheit, und zwar bis zur Unsichtbarkeit; das gerade macht ihren einmaligen Reiz aus.

Nichts täuscht leichter als die »Natürlichkeit« japanischer Gartenanlagen oder eines Blumenarrangements, als die sparsame Pinselführung auf einem Rollbild oder das auf wenige Worte reduzierte Kurzgedicht, denn je konzentrierter ein Künstler sich zurückhält, desto mehr kommt es auf jedes Detail an. Die kleinste Unsicherheit zerstört sogleich das Ganze. Was vordergründig einfach wirkt, verbirgt perfektes Können, ja ein Werk ist um so besser gelungen, je weniger man ihm künstlerische Absicht ansieht.

Urtypisch für japanisches Kunstempfinden und zugleich für das Verhältnis der Japaner zur Natur ist der Ise-Schrein, Japans bedeutendstes Schinto-Heiligtum, in dem die mythische Urmutter, die Sonnengöttin Amaterasu, verehrt wird. In einem tiefen Wald duckt er sich unter uralten, hohen Zedern. Der Ise-Schrein gehört zu den architektonischen Weltwundern, nicht wegen seiner Pracht, wegen gewagter, kühner, bahnbrechender Konstruktionen, sondern, ganz im Gegenteil, wegen seiner beispiellosen Einfachheit, wegen der meisterhaften Reduzierung der Holzkonstruktion auf das absolut Notwendige. Wie aus der Natur herausgewachsen wirkt das Heiligtum. Um dieses Eingebundensein noch zu unterstreichen, wird der Ise-Schrein – gemäß dem natürlichen Gesetz des Werdens und Vergehens – alle zwanzig Jahre niedergerissen, nachdem zuvor auf einem brachliegenden Nachbargrundstück dasselbe Gebäude neu errichtet worden ist. Kunst, Natur und Religion werden auf diese Weise eins.

Im Kunst- und Naturverständnis Ostasiens ist der Mensch nur ein Bestandteil des Ganzen, er ist nicht, wie überwiegend in westlichen Vorstellungen, Herr der Erde. Der christliche Auftrag »Macht euch die Erde untertan« klingt in japanischen Ohren als Anmaßung. Sich einzufügen in den Rhythmus der Natur, sich anzupassen, so wie sich auch der Ise-Schrein einfügt und anpaßt, das Schicksal mit seinen vielen Katastrophen, den Erdbeben, den Taifunen, anzunehmen und aus jeder Lage das Beste zu machen, halten die meisten Japaner für die vernünftigste Existenzbewältigung. Seitdem Europäer und Amerikaner die höchsten Gipfel der Welt erobern, klettern auch die Japaner mit, und manche ihrer alpinistischen Leistungen, wie etwa die erste von einer Frau vollbrachte Besteigung des Mount Everest, trugen ihnen weltweiten Respekt ein. Doch vor der Berührung mit den Europäern wären sie nie auf die Idee gekommen, daß man Berge »erobert«.

Diese Einstellung läßt sich deutlich in der japanischen Landschaftsmalerei erkennen, und sie wird von allen übrigen Ostasiaten, Chinesen und Koreanern, geteilt. Nie steht der Mensch im Mittelpunkt. Nie füllen abgearbeitete Bauern, festlich gekleidete Frauen oder fröhlich spielende Kinder die Bildfläche aus. Statt dessen wird fast immer die Natur in ihrer Ganzheit dargestellt: Berge, die sich fern im Dunst verlieren, rauschende Wasserfälle, Flüsse, die sich durch Felder und Bambushaine winden. Klein, winzig klein, ordnet sich der Mensch in dieses Panorama ein, oft nur am Rande des Bildes, mit sparsamen Strichen nicht als Individuum, sondern bescheidener als Gattung charakterisiert. Häufig ist er nicht einmal präsent, wird seine Existenz nur angedeutet durch kräuselnden Rauch, der aus einer Fischerhütte aufsteigt, durch Dächer, die hinter einem Hügel herausragen. Nie wird der Mensch zum Maß der Dinge.

Wie in der Architektur des Ise-Schreins zeigt auch in der Malerei der Meister die Kunst im Weglassen, in der Sparsamkeit der Mittel. Die Unterbrechung im Strich, der den Hang eines Berges markiert, läßt einen Japaner Wolken erkennen. Daß ein Bauer einen Regenumhang aus Stroh trägt, weist auf karge Lebensbedingungen und auf launisches Wetter hin. Mit anderen Worten, nicht die sparsamen Pinselstriche stellen das fertige Bild dar, sie wirken eher wie Signale, die beim Betrachter eine geistige Umsetzung auslösen. Auch hier erweist sich wieder die Stärke des geschlossenen Kulturkreises, der dank langer gemeinsamer Erfahrungen vieles unausgesprochen voraussetzen kann.

Tuschemalereien mit ihren subtilen Schattierungen zwischen tiefem Schwarz und blassem Grau wirken auf Japaner nicht weniger farbig als bunte Ölbilder auf Europäer. Sie entstehen mit explosionsartiger Spontaneität in einem kurzen Moment höchster Konzentration, und der Maler bringt sie auf dem Boden kniend zu Papier. Sein europäischer Kollege, der Ölfarben benutzt, darf sich Zeit lassen, er kann das Motiv auf der Staffelei vorskizzieren und langsam vervollkommnen. Er kann Farbkorrekturen anbringen und Farbwirkungen ausprobieren, ihn jagen weder Zeit noch das Wissen, daß ein einziger Ausrutscher beim letzten Pinselstrich das gesamte Werk unheilbar ruiniert.

Japanische Malerei hat weitgehend symbolhaften Charakter. Die beliebten Bambuszeichnungen stellen nicht einfach einen Strauch dar. Sie zeigen, wie geschmeidiges Nachgeben und Zähigkeit zum Überleben befähigen, so wie die Kiefer, die ihre Wurzeln in den Fels krallt und deren Äste unter der Last des Schnees nicht brechen, unbeugsamen Lebenswillen demonstriert. Häufig ersetzt auch ein Detail das Ganze. Ein Tiger, der durch ein Gehölz schleicht, mahnt den Beschauer, daß das Leben voller Gefahren steckt – und daß oft der Stärkere überlebt. Ein kahler Ast, auf dem ein einsamer Rabe sitzt, läßt die Kälte des Winters und die Einsamkeit des Alters ahnen.

Auch die japanische Malerei kennt zahlreiche Schulen und Moden, doch sie alle haben in der schwarzen Tusche ihren Ausgangspunkt. Viele Richtungen, vor allem in der Gegenwart, werden von fremden Einflüssen beherrscht. Der dominierende Stil der sparsamen, fast abstrakten Pinselführung entstammt dem Zen-Buddhismus, in dem sich im frühen Mittelalter in Japan buddhistische Vorstellungen aus China mit Japans ritterlichen Tugenden zu einer Ästhetik der Naturnähe, der Zurückhaltung vereinten, die in den kleinen, einfachen Dingen, in Kirschblüten und der natürlichen Maserung des Holzes und selbst noch in der Häßlichkeit einer angestoßenen Keramikschale, die einzige, die wahre Schönheit sah.

Zum Gesamtbild gehört, daß bunte Farben und dekorative Spielereien mit wertvollen Materialien nicht fehlen. Es waren die machtbewußten Regionalfürsten und später die aufsteigenden Kaufleute von Edo (dem heutigen Tokio), die ihren Einfluß und ihren Reichtum zur Geltung bringen wollten.

Kunst darf sich nach japanischem Empfinden nicht

weit von der Natur entfernen. Auch die berühmten japanischen Gärten wirken auf den ersten Blick wie ein Stück unverdorbener Natur, während sie in Wahrheit komplizierte Kompositionen darstellen, in denen sich kein Stein zufällig zur Seite neigt, in denen im Herbst kein blutrotes Ahornblatt zufällig auf grünes Moos herabsinkt, in denen kein sprudelnder Quell ungeplant sein Wasser über rundgeschliffene Kiesel rieseln läßt. Der Reiz japanischer Gärten besteht darin, daß sie auf raffinierteste Weise Natürlichkeit vorspiegeln. Die abgezirkelten Rabatten und geometrischen Beete europäischer Schloßanlagen sagen den Japanern wenig.

Ihre Perfektion erreicht japanische Gartenkunst in den abstrakten zen-buddhistischen Steingärten von Kioto, die nur noch aus rillenartig gerechten Kieseln und einigen wenigen moosbewachsenen Felsbrocken bestehen, Gärten, in denen die Natur nicht mehr zu erkennen, sondern nur noch zu ahnen ist. Auch Ikebana, die Kunst des Blumenarrangements, erreicht mit einigen wenigen Blüten und Zweigen intensivere Wirkungen als der üppigste europäische Blumenstrauß.

Japaner schauen in ein Kunstwerk oft tiefer hinein als Europäer, umgekehrt besitzen sie zugleich die Fähigkeit, Vorhandenes einfach zu übersehen. Im klassischen Bunraku-Puppentheater werden die fast lebensgroßen Figuren von schwarzvermummten Männern auf der Bühne hin und her bewegt. Japaner nehmen nur die Puppen wahr und denken sich die Akteure weg. Auch stört es sie wenig, wenn sich ein häßlicher Schutthügel direkt neben einem von alten Bäumen umstandenen Schrein erhebt. Sie nehmen von ihm keine Notiz.

Da Kunst in Japan Naturnähe bedeutet, wird in keinem anderen Land der Welt Keramik so hoch geschätzt, denn in allen Teeschalen, Vasen und Eßgefäßen bleibt die Erdenschwere des Tons erhalten. Chinesen ziehen bezeichnenderweise das verfeinerte Porzellan, das seinen Ursprung verbirgt, vor. Auch wirken die perfekte Symmetrie und Makellosigkeit des chinesischen Porzellans auf Japaner eher langweilig, denn nichts, was die Natur hervorbringt, ist absolut spiegelgleich und völlig fehlerfrei. Berühmte Künstler versahen in der Vergangenheit ihre Werke gelegentlich mit kleinen Fehlern, ein Hinweis darauf, daß sie keine Perfektion erstrebten.

Japan darf den Ruhm beanspruchen, als erstes Land die Kunst unter das breite Volk gebracht zu haben. Die Farbholzschnitte (Ukiyo-e) mit Darstellungen aus der vergänglichen Welt der Kurtisanen von Yoshiwara, dem Tokioter Freudenhausviertel, sowie jene der Kabuki-Schauspieler, die Drucke mit Szenen aus dem Volksleben und der Geschichte, die allesamt heute zu teuren Sammelobjekten geworden sind, waren im 18. Jahrhundert und danach die erste Massengrafik.

Genauso wie sich Japan auf wissenschaftlichen und technischen Gebieten dem Westen öffnete, wurden auch sämtliche westliche Kunstformen übernommen. Die Tokioter Galerien präsentieren von Japanern gemalte Ölbilder im westlichen Stil, japanische Bildhauer, Grafiker und Komponisten eifern modernen amerikanischen und europäischen Vorbildern nach. Den Besten von ihnen gelingt es, westliche Ausdrucksformen mit japanischen Traditionen zu verschmelzen. Der Architekt Kenzo Tange begründete seinen Weltruf, weil sich in seinen Gebäuden aus Beton, Stahl und Glas die natürliche

Spannung und die einfache Klarheit japanischer Holz-konstruktionen erhält.

Unbekannte junge Künstler haben es schwer, sich durchzusetzen, denn die Japaner lassen sich von großen Namen faszinieren. Dies führte jahrelang zu dem beklagenswerten Zustand, daß der Markt mit zweitrangigen Werken erstklassiger Künstler in Japan blühte. Inzwischen haben Kunsthändler und Liebhaber begriffen, daß nicht jedes Werk eines namhaften Künstlers hervorragend ist.

Kunst gilt in Japan als eine Einstellung, eine Haltung, die das gesamte Dasein durchdringt. Nirgendwo sonst arbeiten Handwerker mit einer solchen Liebe am Detail. Sind auch der Massenproduktion und Plastikindustrie in den letzten Jahrzehnten ganze Handwerkszweige zum Opfer gefallen, so haben doch die Schreiner, die in Maßarbeit dünne Schiebewände bauen, die Hersteller von Strohmatten und von handgeschöpftem Reispapier, die Töpfer und Weber, Bambusflechter und Lackkästchenbauer nach wie vor ihr Auskommen. Wo sonst in der Welt könnte die Art, in der Bauern früher rohe Eier in Strohschnüren verpackten, als Kunstwerke bestehen? Wo sonst würden Bambuskörbe, hölzerne Wasserkannen und Papierlaternen jede moderne Design-Konkurrenz aus dem Feld schlagen? Wo sonst werden erfahrene Handwerker und berühmte Darsteller klassischer Künste als »lebende Denkmäler« unter staatlichen Schutz gestellt, damit sie ihr Können an Jüngere weitergeben? Wo sonst mißt man dem Anrichten einer Speise, ihrer farblichen Zusammenstellung und der optischen Abstimmung aufeinanderfolgender Gänge denselben Wert zu wie dem Geschmack? Wo sonst findet im Namen des

Kaisers alljährlich im ganzen Land ein Wettbewerb für Kurzgedichte statt, zu dem der Kaiser das jeweilige Stichwort ausgibt und an dem er sich selbst beteiligt? So schrieb der Schowa-Kaiser nach dem Krieg, 1946:

«Die Menschen sollen wie Kiefern sein, die selbst unter dickem Schnee ihre Farben nicht wechseln.»

Jeder Japaner verstand diesen Appell an die alten Tugenden der Treue und Standfestigkeit. Jeweils am Jahresanfang werden im Palast in Anwesenheit des Kaiserpaares die preisgekrönten Gedichte verlesen. Am Schluß der würdevoll-steifen Zeremonie trägt ein Sprecher das kurze Werk des Kaisers vor – dreimal hintereinander. Ordnung muß sein.

Wo sonst?

Von Firmen und ihrem
verborgenen Innenleben

Alljährlich am 1. Oktober bilden sich vor den angesehenen Großunternehmen Japans lange Schlangen junger Leute; von diesem Tag an nehmen die Betriebe Bewerbungen für freie Stellen entgegen. Ein Kandidat ähnelt dem anderen: kurzgeschnittene Haare, dunkler Anzug, gedeckte Krawatte, schwarze Halbschuhe. Daß mancher noch gestern ausgefranste Jeans und einen struppigen Bart trug, ist vergessen. Einige Universitäten erinnern ihre Absolventen ausdrücklich daran, sich bei den Vorstellungsgesprächen seriös zu geben. Den wenigen Studentinnen wird empfohlen, auf Make-up weitgehend zu verzichten, vor allem auf Lidschatten und farbige Fingernägel. Vor dem 1. Oktober bieten Warenhäuser an besonderen Ständen komplette Ausstattungen für Berufsanfänger an. Keiner fällt aus der Rolle, denn der Anlaß ist wichtig genug. Wer eine Universität verläßt und in eine Firma eintritt, stellt damit zumeist die Weichen für sein gesamtes künftiges Leben.

In firmeneigenen Tests, die im ganzen Land zur selben Zeit durchgeführt werden, wählen Japans Großunternehmen ihren Nachwuchs aus den Reihen der Universitätsabsolventen aus. Dabei – und dies ist das Entscheidende – geht es nicht um spezielle Qualifikationen, geprüft wird vielmehr die Gesamtpersönlichkeit, die persönliche Belastbarkeit, Anpassungsfähigkeit und der Teamgeist. Besonderen Stellenwert messen die Prüfer der Hochschule zu, die ein Bewerber besucht hat. Das Ausbildungsniveau der Universitäten, vor allem der vielen Privatuniversitäten, ist extrem unterschiedlich. Je renommierter eine Universität, desto schwerer fällt die Aufnahmeprüfung, Voraussetzung für die Zulassung, aus. Der Leistungsdruck ist ungeheuer. Private Vorbereitungsschulen drillen in monatelangen Kursen die Kandidaten auf die Aufnahmeprüfungen der Prestigeuniversitäten hin. Wegen des großen Andrangs auf die besten jener Einrichtungen wird auch hier rigoros ausgesiebt, so daß wiederum Schulen entstanden sind, die ihre Klientel für die Aufnahmeprüfungen der besten Vorbereitungsschulen fit machen!

Berufsschulen wie in Deutschland existieren nicht, die Firmen bilden ihren Nachwuchs lieber selber aus. Der Anfänger stellt sich dem Betrieb uneingeschränkt und vorbehaltlos zur Verfügung, er überläßt es dem Arbeitgeber, die konkrete Tätigkeit auszuwählen, zumal er im Laufe der Jahre innerhalb der Firma aller Voraussicht nach höchst verschiedene Posten bekleiden wird. Nach seinem Beruf gefragt, antwortet ein Japaner darum in der Regel nicht mit »Autoverkäufer« oder »Programmierer«, sondern er erklärt, er arbeite »bei Honda« oder »bei Komatsu«.

Es mag übertrieben klingen, aber die Haltung des Stammpersonals der großen Firmen zu ihrem Arbeitgeber erinnert noch immer an die Loyalitätsbande, die einst zwischen Samurai und Daimyo, zwischen Rittern und Landesfürsten, bestanden. Die europäische Vorstellung, daß im Beruf auch weiterkommt, wer sich einmal in einem anderen Betrieb umschaut, bürgert sich nur sehr zögerlich ein. Die Firma zu wechseln gilt vielen noch immer als Ausstieg aus der Gruppe und somit als Mangel an Verläßlichkeit. Nicht lange ist es her, da wurde jeder, dessen Laufbahn einen Stellungswechsel aufwies, als Kreditkartenrisiko betrachtet.

Wer dagegen mitmacht – und das sind am Ende alle –, dem bietet die Firma weit mehr als berufliche Erfüllung. Als *modernes Patriarchat* übernimmt sie die Rolle der Großfamilie. Ihren Urlaub verbringen die Mitarbeiter vorwiegend im firmeneigenen Erholungsheim, wobei es sich noch immer gehört, den tariflichen Urlaubsanspruch von mittlerweile etwa drei Wochen nicht voll auszuschöpfen. Damit dokumentiert der Arbeitnehmer, daß er die Arbeit wichtiger nimmt als das Vergnügen. Den Resturlaub läßt man ohne Abfindung verfallen.

Die jüngere Generation ist inzwischen anspruchsvoller geworden, zumal sich eine neue Vergnügungs- und Urlaubsindustrie entwickelt hat, die von der zunehmenden Freizeit profitiert. Fünftagewoche, keine Überstunden und längerer Urlaub werden allmählich populär, ohne dadurch die loyale Grundeinstellung zur Firma zu unterminieren. Für Freizeit und Hobbys stehen Firmenklubs zur Verfügung, Werksärzte kümmern sich um die Kranken, und Firmenangehörige leben mit ihren Familien in preisgünstigen Werkswohnungen. Bei Sportveranstaltungen sind Gruppenkämpfe besonders beliebt, weil sich der einzelne einmal mehr als Mitglied eines Teams beweisen kann. Der Betrieb wird als Schicksalsgemeinschaft verstanden. In manchen Großunternehmen beginnt der Arbeitstag für die Belegschaft mit dem gemeinsamen Singen der Firmenhymne; obwohl es nicht allgemeinem Brauch entspricht, liegt dies in der logischen Konsequenz des Systems.

Nach Feierabend zieht es gut die Hälfte aller Angestellten nicht gleich nach Hause. Gemeinsam trinken die Kollegen eines Büros einen Whisky oder Sake in einer der vielen winzigen Kneipen, sie teilen ihre Erlebnisse und Sorgen und wachsen mit der Zeit zu immer engeren Gemeinschaften zusammen, die die individuellen Freundschaften des Westens ersetzen. Die Vorgesetzten fördern diese Entwicklung nach Kräften und organisieren Kinderfeste, Jubiläumsfeiern und Sammelhochzeiten. Nicht selten geht die Fürsorge so weit, daß für ledige Männer im Betrieb nach passenden Frauen Ausschau gehalten wird, selbstverständlich unter der eigenen Belegschaft, denn eine Ehefrau, die selbst früher in der Firma arbeitete, wird für die beruflichen Pflichten ihres Mannes, für Überstunden, geopferte Wochenenden und Dienstreisen, besonderes Verständnis aufbringen.

Klassenkampftheorien haben in einer solchen Wirtschaftsordnung keinen Nährboden. Ein Schlosser, dem die Zugehörigkeit zu seiner Firma wichtiger ist als die Tätigkeit, die er ausübt, der sich folglich dem Buchhalter des eigenen Betriebes näher weiß als dem Schlosser im Nachbarbetrieb, kann mit den Lehren von Karl Marx nichts anfangen. Deshalb überrascht es auch nicht, daß in Japans Privatindustrie – im Gegensatz zum öffentlichen Dienst – nur wenige nationale Gewerkschaften existieren, sondern vorwiegend *Betriebsgewerkschaften* die Interessen der Betriebsangehörigen wahrnehmen. Wo die Firma weitgehend zum Lebensinhalt wird, kann die Interessenvertretung der Mitarbeiter nicht firmenfremden

Funktionären überlassen werden. Gewerkschaften, die ganze Industriezweige umfassen, haben sich bisher nur für Bergarbeiter, Metallarbeiter und Seeleute bilden können.

Unbestreitbar ist, daß Japaner in der Regel im Beruf eine größere persönliche Befriedigung finden als ihre europäischen oder amerikanischen Kollegen. In der japanischen Presse machte einmal eine bezeichnende, wahre Geschichte aus Amerika die Runde: Ein Autoverkäufer hatte sich über das ständige Klappern seines neuen Wagens beklagt. Nach wochenlangem Suchen und wiederholten Beschwerden fand die Werkstatt endlich die Ursache: In der Innenverkleidung einer Tür steckte eine Coca-Cola-Flasche, sie enthielt einen Zettel mit der Aufschrift: »Herzlichen Glückwunsch, daß Sie die Ursache des Klapperns gefunden haben.« In Japan könnte eine solche Geschichte nicht passieren.

In japanischen Großbetrieben tragen alle Firmenangehörige, von der Chefetage bis in die Werkshallen, dieselbe Betriebskleidung. Und die meisten Manager kennen sich in den Werkshallen genausogut aus wie in der weiten Welt. Als ein amerikanischer Präsident vor einigen Jahren mit Managern aus Detroit Japan besuchte, um die Japaner zu veranlassen, ihren Konkurrenzdruck auf Amerikas Autofirmen zu lockern, wiesen die japanischen Zeitungen genüßlich darauf hin, daß der Chef des damals hochverschuldeten Chrysler-Konzerns sechsmal soviel verdiente wie der Chef der außerordentlich profitablen Autofirma Toyota.

Weithin bekannt ist, daß Japans Großunternehmen die Loyalität ihrer Mitarbeiter mit *lebenslanger Anstellung*, mit Unkündbarkeit honorieren, doch kursieren über

dieses Prinzip im Ausland viele Mißverständnisse. Allzuoft wird übersehen, daß sich nur die größten Unternehmen eine Arbeitsplatzgarantie leisten können, die Hälfte
aller Beschäftigten hingegen ihr Geld in kleinen und
mittleren Betrieben verdient. In den Großunternehmen
privilegiert das vielgerühmte System allein das Stammpersonal, so daß im Ergebnis etwa ein Viertel aller japanischen Arbeitnehmer den Vorzug einer lebenslangen
Anstellung genießt. Die große Mehrheit bleibt weitgehend ungeschützt und schwach, zumal sie von den Gewerkschaften keine Hilfe zu erwarten hat.

Ergänzt wurde die Unkündbarkeit bislang durch das
Senioritätsprinzip. Standen mehrere Kandidaten für eine
höhere Position zur Verfügung, entschieden die Dauer
der Firmenzugehörigkeit, das Lebensalter und vorherge-
hende Tätigkeiten. Japanisches Senioritätsprinzip und
westliches Leistungsdenken sind nicht so gegensätzlich,
wie oft angenommen. Leistungen werden auch in einem
Team verlangt. Nicht weniger, sondern andere Qualitä-
ten sind in einer Gruppe gefragt.

Allmählich, aber unverkennbar schwächt sich das
Senioritätsprinzip ab. Doch wird sich kaum ein Unternehmer dazu bereitfinden, einen hervorragenden jungen
Mann in einer Blitzkarriere zum Vorgesetzten erheblich
älterer Kollegen zu berufen.

Verdiente ältere Mitarbeiter, deren Kräfte nachgelassen
haben, wurden und werden als »Fenstergucker« – ihr
Schreibtisch im Großraumbüro steht oft an einem Fenster
– möglichst durchgeschleppt. Man mutet ihnen keine
großen Anstrengungen mehr zu. Mitarbeiter sind nicht
nur Kostenfaktoren.

Zu den Schattenseiten der engen Bindung an die

Firma gehört, daß sich viele Arbeitnehmer buchstäblich zu Tode schuften. *Karoshi* heißt dieses beklagenswerte Los, Tod durch Überarbeitung, das nach Berechnungen einer Schutzvereinigung jährlich mindestens 10 000 Opfer ereilt. Neu ist, daß die staatlichen Behörden inzwischen *karoshi* als offizielles Gesundheitsrisiko anerkennen.

Seit der letzten weltweiten Rezession fällt es auch den japanischen Großbetrieben schwerer als früher, ihr Stammpersonal in voller Stärke zu halten, zumal zahlreiche Unternehmen einen aufgeblähten Verwaltungsapparat haben. Durch vorzeitige Pensionierungen, durch Versetzungen in Zweig- und Zulieferbetriebe und durch verminderte Neueinstellungen konnten im großen und ganzen Massenentlassungen wie in Amerika oder Europa vermieden werden. Inzwischen wächst die Zahl gutausgebildeter und dienstbereiter Arbeitsloser, was viele Betroffene als persönliche Schande empfinden und vor ihrer Umwelt, selbst ihrer Familie, zu verheimlichen suchen. Ein breit ausgespanntes öffentliches Netz, das Arbeitslose auffangen und in neue Jobs vermitteln könnte, existiert in Japan nicht, es wurde bislang nicht gebraucht.

In einigen zugigen U-Bahnschächten, vor allem in dem riesigen Untergrundbahnhof Shinjuku in Tokio, suchen mittlerweile Nacht für Nacht zahlreiche Obdach- und Arbeitslose in Pappkartons ein primitives Nachtlager, an dem die meisten späten Reisenden achtlos vorbeieilen. Wer nicht in eine Gruppe eingebunden ist, kann kaum mit der Solidarität der breiten Bevölkerung rechnen. Die Politiker hoffen derweil, daß sich das Problem von selbst löst sobald sich die Wirtschaft wieder erholt, zumal mit dem Ausscheiden der geburtenstarken Nachkriegsjahrgänge aus dem Erwerbsleben in Zukunft aufgrund des rückläufigen Bevölkerungswachstums weniger junge Leute auf den Arbeitsmarkt drängen. Von einer Abschaffung der lebenslangen Beschäftigung kann daher, trotz eines weitverbreiteten Wunschdenkens bei der westlichen Konkurrenz, nicht die Rede sein. Japans Großfirmen wissen, daß sie auch in Zukunft hervorragende Berufsanfänger nur dann für sich gewinnen können, wenn sie ihnen lebenslange Beschäftigung versprechen und garantieren können. Die im Westen weitverbreitete Job-Mentalität findet in Japan keine Resonanz.

Im Westen wenig bekannt ist, daß die *Entscheidungsprozesse* innerhalb der japanischen Industrie völlig anders als im Westen ablaufen. Entscheidungen fließen nicht wie in Europa und Amerika von oben nach unten, sondern sie wachsen im Regelfall von unten nach oben. Der Kapitän erteilt seiner Mannschaft keine Befehle, die Mannschaft rauft sich zusammen, und ihr Konsensus steigt langsam nach oben zur Steuerbrücke. Mögen Ideen und Anregungen auch aus der Chefetage kommen, zunächst werden alle Projekte von unten her auf ihre Chancen, Kosten und Verwirklichungsmöglichkeiten geprüft. Die japanische Besonderheit liegt darin, daß bereits auf der mittleren Ebene weitgehende Übereinstimmung aller Beteiligten erzielt wird. Hierzulande werden also nicht separate Konzepte erstellt, bei denen jeder Firmenbereich Projekte unter seinem speziellen Aspekt prüft und zur Abstimmung und Entscheidung nach oben weiterreicht, sondern auf der mittleren Ebene entwickeln bereits alle Beteiligten ein gemeinsames Konzept. Dieser Gesamtvorschlag nimmt seinen Weg nach oben, wobei er durchaus ergänzt oder modifiziert werden mag, jedoch kaum radikal verändert wird, bis er die Firmenspitze erreicht, der die Aufgabe zukommt, das Projekt formal zu besiegeln.

Dieses Verfahren entspricht dem japanischen Bedürfnis nach Abstimmung und Übereinstimmung. Europäer, auf präzise Kompetenzen bedacht, finden sich in diesem System nur schwer zurecht. Sie fühlen sich unsicher unter Geschäftspartnern, deren fest umrissene Zuständigkeit sie nicht kennen, ja häufig nicht kennen können, weil es sie in dieser Form gar nicht gibt. Westliche Manager sehen sich in japanischen Konferenzräumen oft einer ganzen Schar Japaner gegenüber. Lange hielten das die Ausländer für einen Trick, der sie verunsichern und verwirren sollte. In Wirklichkeit saßen sie einfach all denen gegenüber, die später gemeinsam über die Vorschläge der Ausländer entschieden. Japanische Entscheidungsprozesse haben den großen Vorzug, daß jeder Beschluß, der auf diese Weise zustande kommt, von allen gedeckt wird. Geht die Sache schief, gibt es keine Sündenböcke. Wenn das Projekt gelingt, haben alle teil am Erfolg.

Westlich-individueller Führungsstil hat in einige wenige japanische Großunternehmen Eingang gefunden. Sony steht dafür als erfolgreichstes Beispiel. Auch haben Wirtschaftskrise und Globalisierung erste Veränderungen erzwungen, die noch vor wenigen Jahren undenkbar erschienen. Der heruntergewirtschaftete Autohersteller Mazda, seit 1966 mit Ford liiert, wird neuerdings von einem jungen amerikanischen Manager geführt, im amerikanischen Stil, mit Massenentlassungen, der Schließung unrentabler Zweigbetriebe und einer radikalen Reduzierung der Zulieferer. Und der französische Renault-Konzern hat 37 Prozent am Autohersteller Nissan erworben.

Als dritter Automobilproduzent ist Daimler-Chrysler bei Mitsubishi-Motors eingestiegen, wobei ein deutscher Abgesandter des Konzerns seit Sommer 2002 die Gesamtverantwortung trägt. Trotzdem ist nicht damit zu rechnen, daß die gesamte japanische Wirtschaft auf westliche Führungsformen und Praktiken umschwenken wird, denn zum einen hat sich die überlieferte Praxis unstrittig bewährt und zum anderen entspricht sie tiefwurzelnden Verhaltensweisen.

Über die folgenreichen Besitzverhältnisse in Japans Großindustrie und über den gescheiterten Versuch der amerikanischen Besatzungspolitik nach 1945, die mächtigen Konzerne (*zaibatsu*) zu zerschlagen, sind viele Ausländer nicht hinreichend informiert. Diese wurden zwar durch Gesetz aufgelöst, und Japans heutiges Kartellrecht verhindert ausdrücklich den Zusammenschluß von marktbeherrschenden Unternehmen. Doch ist es den einzelnen Firmen nicht untersagt, Aktien anderer Firmen zu besitzen (so daß die Firma A Mehrheitsaktionär bei B und die Firma B Mehrheitsaktionär bei A sein kann), wodurch sie ihre formelle Unabhängigkeit wahren, sich aber faktisch gemeinsam selbst gehören. Nur etwa ein Drittel der Aktien der Großfirmen befindet sich in privatem Streubesitz. Was sich auf diese Weise an wirtschaftlicher Macht zusammenbündelt, ist in der Welt ohne Parallele.

Zur Mitsubishi-Gruppe etwa gehören Branchenführer aus Chemie, Maschinenbau, Rüstung und Schiffsbau, eine der profitabelsten Bierbrauereien, die bereits erwähnte Automobilfabrik, das Handelshaus Mitsubishi (das von Nudeln bis zu Atomraketen Zigtausende von Produkten verkauft, kauft und vermittelt), eine Schifffahrtsgesellschaft mit Hunderten von Ozeanfrachtern, milliardenschwerer Grundbesitz und nicht zuletzt eine der mächtigsten Banken der Welt. Ein Viertel der Gesamtbevölkerung Japans, schätzungsweise, verdankt der Mitsubishi-Gruppe seinen Lebensunterhalt, und die Mitsui-Gruppe steht ihr an Größe und Einfluß kaum nach.

In einer solchen Wirtschaftsordnung, die von relativ wenigen Gruppen mit jeweils außerordentlichem Einfluß beherrscht wird, sind dem freien Wettbewerb Grenzen gezogen. Japans Kapitalismus hat sich nicht aus dem privaten Wettbewerb wachsender Industrien herausgebildet, sondern er geht auf staatliche Initiativen zurück, auf die Meiji-Reformen nach 1868. Damals gründete die Regierung in staatlicher Regie eigene Firmen, und sobald diese Betriebe liefern, wurden sie für billiges Geld an wagemutige private Unternehmer verkauft, wobei natürlich jene belohnt wurden, die frühzeitig die Meiji-Reformen unterstützt hatten. Die Konzentration wirtschaftlicher Macht in wenigen Händen war damals gewollt, denn sie erleichterte die staatliche Steuerung. Ministerialbürokratie und Konzernverwaltungen verfolgten gemeinsam dieselben Ziele. Politiker, Beamte und Wirtschaftler empfanden sich als ein Team, und diese Grundüberzeugung von der gemeinsamen Sache hat bis heute überlebt.

In jenem Wechselspiel zwischen Politik und Wirtschaft spielten die *Banken* bislang die Schlüsselrolle. Da die meisten Firmen im Lande traditionell nur über minimales Eigenkapital verfügen, finanzieren sie sich zum größten Teil mit Bankkrediten. Dies gab den Banken einen erheblichen, oft entscheidenden Einfluß auf Konjunktur und Produktion und auf die Abstimmung einzelner Firmen untereinander, weit über ihre primären Aufgaben hinaus. Entscheidend war jedoch, daß die Banken selbst nicht frei blieben, denn sie wiederum unterlagen einer strengen, bis ins Detail gehenden staatlichen Aufsicht, wodurch das ganze Bankensystem als Transmission fungierte, über die der Staat seine wirtschaftspolitischen Absichten in die Praxis umsetzen konnte, indirekt, der Einsicht Außenstehender entzogen. Das sah auf den ersten Blick wie eine radikale Beschneidung von Unternehmerinitiativen aus, ermunterte aber statt dessen die Banken trotz eines geringen Eigenkapitals zu den riskantesten Operationen, in der Gewißheit, daß der Staat sie nie in Konkurs gehen lassen würde.

Dann krachte Anfang der neunziger Jahre über Nacht der spekulativ aufgeblähte Immobilienmarkt zusammen. Kurz zuvor hatte sich Japans Finanzwelt noch damit gebrüstet, daß der Immobilienwert des kaiserlichen Palastbezirkes in Tokio den Grundstückswert von ganz Kalifornien übertreffe. Weil nun die zur Sicherheit verpfändeten völlig überteuerten Grundstücke rapide an Wert verloren (mittlerweile um nahezu die Hälfte), saßen die Banken plötzlich auf ungesicherten Krediten in Milliardenhöhe. Bei diesen Größenordnungen konnte der Staat nicht mehr helfen, zumal die Staatsverschuldung die höchste Quote aller Industrienationen erreichte und sich überdies die Regierung auf massiven ausländischen Druck hin hatte verpflichten müssen, Japans Geldmarkt allmählich der ausländischen Konkurrenz zu öffnen. Fachleute schätzen, daß mittlerweile über 60 Firmen mit jeweils mehr als einer Milliarde

Dollar bei ihren Banken verschuldet sind. Weil aber die Eigentümer jener faktisch bankrotten Firmen häufig in den Kontrollorganen der Banken sitzen und über deren Geld- und Personalpolitik mitbestimmen und weil viele der besonders reichlich mit Subventionen bedachten Baufirmen Millionenbeträge als Parteispenden an die meist konservativen Politiker zurückfließen lassen, fehlt es allen Beteiligten – Industriellen, Bankern und Politikern – an der Entschlossenheit zu drastischen Reformen.

Folglich brachen nach dem Platzen der Spekulationsblase zum erstenmal in der Geschichte Großbanken zusammen und rissen zahlreiche Firmen, darunter riesige Baukonzerne, Handelshäuser und Kaufhausketten mit in den Ruin. Gegenüber 1990 wurden Aktien an der Tokioter Börse 12 Jahre nach dem jähen Erwachen für ein Viertel ihres einstigen Wertes gehandelt. Seit über einem Jahrzehnt nun versucht eine Regierung nach der anderen Löcher zu stopfen und dem angeschlagenen Bankensystem mit öffentlichen Geldern – also zu Lasten der Masse der Steuerzahler – über die Runden zu helfen. Derweil stufen die großen amerikanischen Rating-Agenturen die Kreditwürdigkeit der japanischen Banken immer weiter herab.

Ähnlich wie in Japan stürzten 1997 auch in Südkorea und in Südostasien die Währungs-, Aktien- und Immobilienmärkte in eine Rezession. Im Gegensatz zu Japan aber zog Südkoreas Regierung rasche und harte Konsequenzen, schloß völlig überschuldete Banken oder stellte sie unter strenge staatliche Kontrolle und verkaufte überschuldete Betriebe an sanierungsbereite ausländische Unternehmen. So gelang es Südkorea, die schwerste Wirtschaftskrise seit Beginn der Modernisierung weitgehend zu überwinden, während Japans Wirtschaft noch immer dahintorkelt.

Erst auf den wachsenden Druck der empörten Öffentlichkeit hin reagierten 1997 die Staatsanwälte, wobei sie besonders das Finanzministerium als bislang mächtigste und unaufgreifbare Bastion durchleuchteten. Als sich daraufhin 1998 herausstellte, daß Schmiergeldzahlungen der meisten Großbanken an Spitzenbeamte des Finanzministeriums seit Jahren üblich waren, nahmen sich dort hohe Beamte und ein Reichstagsabgeordneter als früherer Spitzenfunktionär das Leben.

Für Außenstehende zeigt sich die Verfilzung von Wirtschaft und Staatsbürokratie bis heute in der Tradition des »Amakudari«, des »Herabsteigens vom Himmel«, womit das Überwechseln hoher und höchster Beamter in Führungspositionen der Privatwirtschaft bezeichnet wird. Auf diese Weise verdienen sich ehemalige Staatsdiener ein wohldotiertes neues Gehalt dazu plus einer späteren zweiten Pension. Der Industrie sind die Herabgestiegenen das Geld wert, denn auch nach dem Ausscheiden aus dem Staatsdienst bleiben sie ihren früheren Beamten-Kollegen als Mitglieder derselben Gruppe eng verbunden.

Rücksichten auf die kleinen Sparer haben Japans Banken in der Vergangenheit nicht zu nehmen brauchen. Ihre Hauptaufgabe bestand darin, mit Rückenstärkung der Finanzbürokratie der Industrie billiges Geld zur Finanzierung von deren Export- und Expansionsoffensiven zu beschaffen. Nie wurde auf japanischen Aktionärsversammlungen kontrovers diskutiert. Statt dessen zahlten die großen Aktiengesellschaften in der Vergangenheit Millionenbeträge als Schmiergelder an kriminelle Organisationen (Sokaya), die sich dafür verpflichteten, auf den Aktionärsversammlungen jede kritische Frage und jede Opposition im Keim zu ersticken.

Ausländische Firmen beklagen sich immer wieder über die zahlreichen Hindernisse, die ihnen den Zugang zum japanischen Markt erschweren. Lange traf dieser Vorwurf pauschal zu. Inzwischen haben die Japaner, zumeist auf amerikanischen Druck hin, die meisten Einfuhrzölle drastisch gesenkt oder gar aufgehoben, doch die Klagen sind geblieben. Tatsache ist, daß beispielsweise eine Kleinbildkamera in Japan doppelt soviel kostet wie auf dem fernen deutschen Markt. Tatsache ist aber auch, daß die japanische Zollbürokratie immer noch viel Einfallsreichtum entwickelt, wenn es darum geht, ausländische Waren vom japanischen Markt fernzuhalten. Fremdes verdient Argwohn. Unverdrossen reden Politiker, Agrar-Lobbyisten und Medien den Verbrauchern ein, thailändischer oder amerikanischer Reis sei wegen der chemischen Düngemittel fast ungenießbar, als ob japanischer Reis weniger mit Pflanzenschutzmitteln belastet sei. Infolgedessen zahlen japanische Familien für ihr Hauptnahrungsmittel im reisanbauenden Japan mindestens dreimal soviel wie deutsche Konsumenten.

Oder es wird, um ein kleines, aber typisches Beispiel zu nennen, deutscher Kamillentee zum Arzneimittel erklärt, das zunächst lange und gründlich zu prüfen sei, was den harmlosen Tee derart verteuern würde, daß sich ein Export nicht lohnt. Auch bestehen die Behörden gerne auf Verpackungen nach überlieferten japanischen Normen, so daß international vertriebene Standardprodukte für Japan extra umgepackt werden müssen, was wiederum die Preise hochtreibt und die japanische Konkurrenz begünstigt. Kritiker nennen diese japanischen Verhältnisse »einen freien Markt in einer geschlossenen Gesellschaft«.

Nur mit zähem Widerstand ist solchen Tricks beizukommen. Die Franzosen verloren eines Tages die Geduld und erklärten ein kleines, schwach besetztes Zollamt mitten in Frankreich zur einzigen Abfertigungsstelle für japanische Unterhaltungselektronik. Als sich daraufhin japanische Fernseher und Videogeräte unter freiem Himmel stapelten, flossen plötzlich die französischen Exporte wieder reibungslos durch den japanischen Zoll. Die deutsche Regierung hat solche Gefechte gerne Amerikanern und Franzosen überlassen und sich vornehm zurückgehalten.

Die höchsten Handelsbarrieren allerdings werden heutzutage nicht mehr von den Bürokraten aufgebaut, sie liegen in den gewachsenen japanischen Eigenheiten. Nur wenige Ausländer sprechen japanisch. Wie aber will man einen Markt durchdringen, wenn man mit den Kunden nicht in ihrer Landessprache kommunizieren kann? Zudem ist Japans Verteilungssystem kompliziert und teuer und gründet meist in alten Loyalitäten. Kein Groß- oder Zwischenhändler reißt sich um neue Lieferanten, Ausländer zumal, wenn er damit seinen bewährten Partnern das Geschäft erschwert. Der Weg vom ausländischen Produzenten zum japanischen Konsumenten gleicht noch immer einem Hürdenlauf.

Erfolgreich ist in Japan nur, wer sich mit langem Atem und mit finanziellem Polster auf die Besonderheiten dieses lukrativen Marktes einstellt. Daß das möglich ist, beweisen Namen wie Wella, Triumph, Hoechst, Melitta, BMW und Mercedes-Benz.

Japan ist kein Verbraucherparadies. Keine große politische Partei kämpft engagiert für die Interessen der Käufer und Konsumenten, die doch ihre Wähler sind. Den Verbraucherschutzorganisationen fehlen Sprachrohre, Geld und breite Unterstützung, zumal es auch die Medien lieber mit der Industrie als mit deren Kunden halten. Zum Nachteil der japanischen Verbraucher und der ausländischen Konkurrenz hat Japan seinen Aufstieg zu einer der führenden Exportnationen mit extrem hohen Inlandspreisen finanziert; das ist nur so lange möglich, wie es gelingt, preisdrückende ausländische Konkurrenz draußen zu halten.

Der Widerstand der Herrschenden wird noch verstärkt, weil Japan keineswegs in allen Wirtschaftsbereichen zur Weltspitze zählt. In der Landwirtschaft, bei den Dienstleistungen, im Transportgewerbe, im Handel oder bei den Banken bleibt Japan überalterten Strukturen verhaftet, in denen Millionen Menschen ihren Arbeitsplatz finden. Bei einer Rationalisierung und Modernisierung würde der größte Teil von ihnen arbeitslos. In einem wirklich offenen japanischen Markt würde ausländische Konkurrenz Reformen erzwingen, die Millionen Arbeitsplätze vernichteten und der Regierung kaum lösbare Probleme aufbürdeten.

Früher hatten es ausländische Unternehmen in Japan schwer, hervorragende japanische Mitarbeiter zu finden, denn diese zogen die lebenslange Beschäftigung in heimischen Großbetrieben vor. Seitdem Japans Wirtschaft jedoch Personal einsparen muß und weniger Neubewerber einstellt, können auch renommierte ausländische Firmen unter den Besten wählen. Besonders gute Erfahrungen machen sie dabei mit vorzüglich ausgebildeten und hochmotivierten jungen Frauen, denen die meisten japanischen Firmen den Aufstieg in die von den Männern beherrschten Führungsetagen verweigern.

Nachbemerkung:
Lassen Sie sich, geschätzte Leserinnen und Leser, von den langen Schatten, die Japans Wirtschaft zu Beginn des dritten Jahrtausends wirft, nicht täuschen. Japan ist noch immer die zweitstärkste Wirtschaftsmacht der Welt, hinter den USA, und wird das voraussichtlich auch bleiben, – trotz des eindrucksvollen wirtschaftlichen Aufstiegs der benachbarten Volksrepublik China. Japans Ingenieure sind so einfallsreich wie eh und je, in den hochmodernen Fabriken produzieren engagierte Arbeiter nach wie vor Autos und Hochtechnologie von bester Qualität zu kundenfreundlichen Preisen für die Märkte der ganzen Welt. Auch andere Industriestaaten rutschen gelegentlich in Krisen (es lohnt ein Blick in den Spiegel) und arbeiten sich dann wieder heraus. Die meisten Japaner sind noch immer stolz auf ihre Leistungen und fern von Verzagtheit, und wenn die ausländische Konkurrenz die Japaner aufgrund deren gegenwärtigen Verfassung abschreiben würde, beginge sie einen lebensgefährlichen Fehler.

Acht goldene Regeln für Geschäftsreisende

I.

K ommen Sie nur, wenn Sie ernsthaft davon überzeugt sind, daß es sich lohnt. Sollten Sie sich mit dem Gedanken tragen, eine Urlaubsreise nach Ostasien mit einer geschäftlichen Erkundung zu verbinden, wäre Ihr Geld besser in einer Fotosafari durch Kenia angelegt. Zu viele westliche Geschäftsleute sind nämlich schon vor Ihnen gescheitert, weil sie es sich zu leichtgemacht haben. Kein japanischer Geschäftsmann käme auf die Idee, einen Urlaub am Rhein mit der Anbahnung von Geschäftsbeziehungen zu verbinden. Das eine oder das andere. So mancher Kaufmann aus Europa ist mehr zur Beruhigung seines Gewissens und um sich einreden zu können, er habe es wenigstens versucht, nach Japan aufgebrochen. Damit sich die Reise dann halbwegs lohnt, hat er gleich die Schreine und Tempel von Kioto, Nara und Nikko mit eingeplant. So profitabel der japanische Markt mit einer der kaufkräftigsten Bevölkerungen der Welt sein kann, so hartnäckig will er erobert sein. Auch die Schinto-Götter haben vor den Erfolg den Schweiß gesetzt.

Bereiten Sie sich gründlich vor. Vertrauen Sie in keinem Fall auf die bestrickende Wirkung Ihrer Beredsamkeit. Die versickert leider schon in der trockenen Bemühtheit Ihres Dolmetschers. Japaner lassen sich lieber überzeugen als überrumpeln.

Wenn Sie Ihrem Gesprächspartner gleich beim Antrittsbesuch schriftliche Unterlagen übergeben, machen Sie sich außerordentlich beliebt. Eine kurze Zusammenstellung mit Angaben über Ihre Firma, deren Schwerpunkte und Entwicklung und über die Produkte, die Sie verkaufen möchten (oder in Japan suchen), alles so präzise wie möglich, kann Wunder wirken. Japaner lieben exakte Zahlen, Kurven, Statistiken. Lassen Sie nach Möglichkeit den Restposten der Prospekte, die Sie einmal für Amerika drucken ließen, zu Hause. Japaner sprechen nun einmal Japanisch. Wahrscheinlich werden Sie mit Leuten zusammenkommen, die auch Englisch – mehr oder weniger gut – beherrschen, doch an der Entscheidung über Ihre Vorschläge werden mehr Japaner beteiligt sein, als Sie glauben, und weniger, die Englisch sprechen, als Sie vermuten. Wie man Prospekte in japanischer Sprache verfaßt? Da können Ihnen die großen Wirtschaftsorganisationen in Deutschland weiterhelfen. Oder fragen Sie die Deutsche Industrie- und Handelskammer in Tokio. Auskunft geben Ihnen auch die Repräsentanten der deutschen Großbanken in Japan. Sie ahnen gar nicht, wieviel Wissen und Erfahrung dort auf Abruf bereitliegen.

Unterschätzen sie nicht den Wert eines ausgezeichneten Dolmetschers. Nicht allein wegen der vielen

Japaner, die nur ihre Muttersprache beherrschen, sondern vor allem, weil sich in der japanischen Sprache die Mentalität dieses Volkes spiegelt. Ein guter Dolmetscher überträgt nicht nur Worte, sondern setzt auch eine Mentalität in eine andere um. Dies kann Sie vor folgenreichen Mißverständnissen bewahren. Und es erklärt auch, warum vielleicht einer Ihrer japanischen Gesprächspartner endlos lange auf den Dolmetscher einredet und der Ihnen diesen Schwall von Beredsamkeit mit der kurzen Bemerkung übersetzt, leider sei da nichts zu machen.

3.

Geben Sie sich seriös. In Japan wird es im Sommer sehr heiß, da fühlen Sie sich im buntkarierten Seidenhemd vom Zwischenstopp in Bangkok bestimmt wohler als mit Jackett und Krawatte. Doch so anpassungsfähig und modern die Japaner in wirtschaftlichen Dingen auch sein mögen, ihre Kleidersitten entlarven sie als grundkonservativ. Wer sich nicht ernsthaft gibt, wird nicht ernst genommen. Ziehen Sie sich wie für einen Kondolenzbesuch, zwischen dunkel und neutral, an und geben Sie sich keinesfalls überschwenglich. Viele Japaner sind in Gegenwart von Fremden eher reserviert, selbst gegenüber den eigenen Landsleuten; das gilt erst recht, wenn es sich um Ausländer handelt. Versagen Sie sich auch jene kleinen Scherze, jene ironischen Flachsereien, mit denen man in angelsächsischen Ländern gern die ersten Hürden nimmt. Erzählen Sie nicht, Sie seien ein paar Minuten vom Hotel zu Fuß gekommen, weil Sie lieber laufen, sondern fahren Sie, auch wenn Ihr Ziel gleich neben Ihrem Hotel liegt, in einer schwarzen Mietlimousine vor, deren Fahrer die obligaten weißen Handschuhe tragen wird. Das gehört zum Ritual. Steigen Sie unbedingt in einem der zahlreichen internationalen Hotels im westlichen Stil ab und nicht in einem traditionell japanischen Ryokan.

Sollte Ihre Frau Sie nach Japan begleiten, dann empfehlen Sie ihr einen Geschäftebummel oder einen Museumsbesuch, während Sie sich zum ersten Geschäftsgespräch aufmachen (es sei denn, Ihre Frau hat in Ihrer Firma eine verantwortliche Position inne). Gleichgültig, wie liebenswürdig und geschickt Ihre Frau auch sein mag, ihre Anwesenheit würde die geschäftlichen Besprechungen nur erschweren. Kein Japaner brächte seine Frau zu einer Konferenz mit.

4.

Erwarten Sie keine Entscheidung vom Firmenchef. Vielleicht werden Sie bei Ihrem ersten Besuch vom Präsidenten, vom Chef der Firma, empfangen. Das ist in den meisten Fällen ein älterer Herr mit wohltuenden Manieren, der, in einem Sessel mit weißen Schonbezügen sitzend, mit Ihnen über Ihre ersten Eindrücke im Land und über die Beschwernisse einer langen Reise eine freundliche Konversation pflegt. Lassen Sie sich nicht entmutigen, wenn er sich gar nicht so recht an Ihren geschäftlichen Vorschlägen interessiert zeigt. Das ist durchaus zu erwarten.

Die Entscheidungsprozesse innerhalb japanischer

Unternehmen verlaufen meistens umgekehrt wie im Westen von unten nach oben. (Näheres dazu im Kapitel über die Firma.) Daß dies nicht blasse Theorie ist, merken Sie im zweiten Teil Ihrer Konferenz, wenn Sie plötzlich einem Dutzend und mehr Herren vorgestellt werden, die nicht im geringsten an Ihren Reiseerfahrungen, um so mehr aber an Ihren geschäftlichen Plänen interessiert sind. Nichts wäre verheerender, als diesen Kreis zu unterschätzen, als alle Anstrengungen auf die Chefetage zu konzentrieren in der irrigen Annahme, wenn erst die Geschäftsleitung auf Ihrer Seite sei, laufe alles andere von selbst. Das Gegenteil stimmt. Nur wenn es Ihnen gelingt, die vielen Partner auf der mittleren Ebene zu überzeugen, kommt das Geschäft zustande. Spätestens hier erkennen Sie auch den Nutzen von Prospekten in japanischer Sprache.

5.

Haben Sie Geduld. Da Entscheidungen nicht von einem einzelnen Mann getroffen werden können (Frauen werden Ihnen im Management vorwiegend als Tee-Serviererinnen begegnen), brauchen Entscheidungen ihre Zeit. Das Warten lohnt sich. Japanische Verbraucher schätzen ausländische Waren sehr und bezahlen dafür auch höhere Preise.

6.

Gehen Sie davon aus, daß die Japaner vom heimischen Markt am meisten verstehen. Oder noch deutlicher formuliert: Reden Sie den Japanern nicht in Dinge hinein, von denen Sie nichts verstehen.

Hätten Sie gewußt, daß wohlhabende Autofans im Lande des Linksverkehrs *links*gesteuerte ausländische Luxuswagen bevorzugen, weil dies den Prestigewert eines Importfahrzeuges steigert? Englische Jaguars, wegen des britischen Linksverkehrs mit Rechtssteuerung versehen, lassen sich deshalb in Japan mit eigens eingebauter Linkssteuerung besser verkaufen. Nordamerikanische Autos dagegen, in den USA bekanntlich mit Linkssteuerung ausgestattet, sollten für den japanischen Export auf Rechtssteuerung umgebaut werden, da sie für eine breite Kundschaft gedacht sind, die den Snobismus der Wohlhabenden nicht teilt. Kompliziert, nicht?

Auch die Verpackung einer Ware spielt in Japan eine völlig andere, weit wichtigere Rolle als bei uns. Japaner möchten bereits an der äußeren Umhüllung erkennen, wieviel Mühe sich der Verpacker gemacht hat und ob ein Geschenk aus dem kleinen Laden um die Ecke oder aus einem prestigeträchtigen und teuren Kaufhaus stammt.

Ein anderes Beispiel ist die Werbung: Sie bedient sich in Japan nicht so sehr logischer Argumente, sie verbreitet weniger Tatsachen und Zahlen und argumentiert nur selten mit Kosten und Preisen. Statt dessen appelliert sie vorzugsweise an Stimmungen und Gefühle. So kann ein Banken-Inserat allein die Botschaft tragen »Wir wünschen, daß Ihre Kinder die Examen bestehen«.

Die adrett uniformierten jungen Damen, die in den

luxuriösen Kaufhäusern am Fuß der Rolltreppen stehen, sich immerfort vor den Kunden verbeugen und ihnen ein stereotypes Willkommen entgegenhauchen, sollen den Kauflustigen zeigen, daß man ihnen zuliebe keinen Aufwand scheut. Welche Kosten er verursacht und daß er die Preise hochtreibt, spricht sich herum, seitdem neu entstandene Supermärkte dieselben Waren oft erheblich billiger anbieten.

Vieles, von dem Sie nichts wissen, werden Ihre japanischen Partner bedenken, Japans teilweise mittelalterliches Verteilungssystem, Zollbestimmungen, Testvorschriften, bevor Sie Ihnen eine endgültige Antwort geben. Wenn diese dann positiv ausfällt, dürfen Sie vermuten, daß wirklich alle Zweifelsfragen geklärt sind. Der zügigen Abwicklung Ihres Geschäfts steht nun nichts mehr im Wege.

7.

Halten Sie Vergnügungen nicht für reines Vergnügen. Japaner sind außerordentlich gastfreundlich, und wahrscheinlich werden Ihre Partner Sie bald zu einem unterhaltsamen Abend einladen, der in einem teuren traditionell-japanischen oder in einem exklusiven französischen Restaurant stattfinden kann. In der geselligen Atmosphäre außerhalb der nüchternen Büros tauen Japaner auf. Von den Geschäften wird hier gar nicht oder allenfalls am Rande gesprochen, dennoch tragen solche Stunden zum Gelingen geschäftlicher Transaktionen erheblich bei, da die meisten Japaner nicht mit europäischer Konsequenz ihr berufliches von ihrem privaten Dasein trennen. Sie sind mit ihrer Firma verheiratet, oft enger als mit der eigenen Frau. Hier also, während sich Gastgeber und Gast verwöhnen und unterhalten lassen, rückt man einander näher, entsteht Vertrauen – oder wächst Argwohn. Schon manche Verhandlungsklippe ist an einem solchen Abend umschifft worden, ohne daß sie mit einem einzigen Wort erwähnt wurde.

Doch hüten Sie sich auch in vorgerückter Stunde vor Aufdringlichkeit und Geschwätzigkeit. Japaner haben sich gut unter Kontrolle und schätzen Zurückhaltung und Behutsamkeit. Amerikanische Ungezwungenheit, die jedermann beim ersten Treffen gleich das Du anträgt, ist ihnen ein Greuel. Japaner sind gesellig, und am wohlsten fühlen sie sich dort, wo man gemeinsam die Freuden des Lebens teilt. Hitzige Diskussionen, gar über Politik, gehören nicht in eine solche Runde. Daß man sich ohne zwingenden Grund streitet, nur aus intellektuellem Vergnügen, bleibt ihnen unbegreiflich. Häufig werden in einem solchen Kreis Sangeskünste vorgeführt, und Sie sollten darauf vorbereitet sein, daß man auch Sie um einen Beitrag bittet. Zu meinen großen Blamagen in Ostasien wird immer gehören, daß ich einmal beim Versuch, die »Loreley« vorzutragen, nicht über die ersten vier Zeilen hinauskam, woraufhin der Gastgeber, ein Vizeminister, das Lied durch alle drei Strophen zu Ende sang – auf deutsch.

8.

Kommen Sie wieder. So mancher deutsche Kaufmann, dessen Geschäfte in Japan gut anliefen, mußte im Lauf der Zeit registrieren, daß der Umsatz langsam, aber stetig zurückging. Der Grund: Er war davon ausgegangen, daß der Erfolg für sich selbst spreche; dabei hatte er übersehen, daß neben den nüchternen Geschäftsbeziehungen die persönlichen Kontakte eine ebenso entscheidende Rolle spielen, und sich nicht mehr blicken lassen. Gerade dann, wenn sich die Erwartungen erfüllen, sollte ein deutscher Geschäftsmann wiederkommen und auf diese Weise seinen japanischen Partnern seine Zufriedenheit und sein Interesse an der Dauerhaftigkeit der Beziehungen beweisen, zumal die Konkurrenz nicht schläft.

Vielleicht schauen Sie sich beim zweiten Besuch auch außerhalb von Tokio einmal um. Sapporo, Niigata, Sendai, Takamatsu, Kitakyuschu – zahlreiche Großstädte, die vielen Deutschen nicht einmal dem Namen nach bekannt sind, versorgen jeweils eine Millionenbevölkerung. Da diese Orte von Ausländern bei weitem nicht so überlaufen werden wie Tokio oder Osaka, klingt dort Ihr Besuch vielleicht besonders lange nach. In diesem Sinne: *Sayonara*.

Japanerinnen

Wie stellen sich die Männer in Ostasien den Himmel auf Erden vor? Die Antwort auf diese Scherzfrage bestätigt gleich mehrere Vorurteile: Zum irdischen Glück gehören ein chinesischer Koch, der Reichtum eines Ölscheichs, ein koreanischer Leibwächter, eine deutsche Luxuslimousine – und eine japanische Frau.

So lebt sie in den Vorstellungen vieler Männer: höflich und bescheiden bis zur Selbstverleugnung, dem Gatten treu ergeben, kinderlieb, opferbereit, an alle und alles denkend, nur nicht an sich selbst. Was ist an diesem Bild richtig und was falsch?

Noch gibt es Männer der älteren Generation, die spät abends nach der Rückkehr von der Arbeit erwarten, daß ihre Ehefrau sie auf dem Boden kniend im Flur empfängt, um ihnen die Schuhe von den Füßen zu streifen und gegen bequeme Pantoffeln zu tauschen. Die meisten jüngeren Japanerinnen finden sich dazu nicht mehr bereit. Heißt das, daß sich die Beziehungen zwischen den Geschlechtern unseren Vorstellungen annähern?

Ein Blick zurück in die Geschichte hilft, die Rolle der Frau im heutigen Japan zu verstehen. Der vor fast eineinhalb Jahrtausenden von China übernommene Konfuzianismus hat Japans Frauenbild bis in unser Jahrhundert geprägt. In dieser strenggefügten hierarchischen Ordnung hatte jeder seinen festen Platz. Auf der untersten Stufe schuldet die Frau dem Ehemann (und dem ältesten Sohn als nächstem Familienoberhaupt) Gehorsam und Respekt. Den Töchtern war, im Gegensatz zu den Söhnen, in dieser Ordnung kein eigener Rang zugewiesen, sie waren allen untertan, auch den jüngeren Brüdern. Bis heute werden in der japanischen Sprache die Geschwister nach dem Alter und damit nach der sozialen Position gekennzeichnet. In konfuzianischer Tradition stellte sich eine Heirat nicht als Familiengründung dar, als neues Glied einer in den Ahnen wurzelnden und in die Zukunft weisenden Kette kam ihr keine Einmaligkeit zu. Heirat bedeutete daher nicht engste Partnerschaft zwischen Mann und Frau, sondern eine Verbindung zwischen Generationen und Familien. Gab es in einer Familie keinen Sohn, wurde der Ehemann der ältesten Tochter in deren Familie aufgenommen, wodurch die Kontinuität gewahrt blieb.

Die Verantwortung für die Familie lag allein und uneingeschränkt beim Vater und ging von ihm auf seinen ältesten Sohn über. Das Familienoberhaupt entschied über Heiraten und über die Verwaltung des Familienvermögens. Bei seinem Tod wurde der Familienbesitz nicht unter die Kinder aufgeteilt, sondern blieb in seiner Gesamtheit erhalten, doch konnte den jüngeren Kindern bei deren Heirat je nach der Vermögenslage ein Anteil gewährt werden.

Vertraute, gleichberechtigte Zweisamkeit der Ehegatten, gar ein eigener Freiraum der Frau, war dem konfuzianischen System fremd. Aufgabe der Ehefrau war es, nach innen zu wirken und nach außen hin möglichst nicht in Erscheinung zu treten. Ihr größtes Glück sollte

sie darin finden, möglichst viele gesunde Söhne zu ge-
bären und großzuziehen. Die emotionalen Bindungen
zwischen den Müttern und ihren Kindern waren folglich weit enger als die zwischen den Ehegatten. Und falls
eine Ehe zerbrach, hatte die Frau ihr Los zu erdulden.
Bis in die Gegenwart konnte eine Japanerin, die in einer
durch das Verhalten ihres Mannes völlig zerrütteten Ehe
litt, der Anteilnahme aller Nachbarn gewiß sein. Ließ sie
sich dagegen scheiden, wurde dieser Schritt als Egoismus
verurteilt. Für das Wort Ehefrau gibt es in der japanischen Sprache keine neutrale Entsprechung. Streng un-
terschieden wird zwischen »meiner Frau« (*kanai*) und
der Frau eines Dritten (*okusan*).

Vor diesem Hintergrund wird manches klar, was dem
fremden Beobachter zunächst schwer verständlich erscheint. Millionen japanischer Männer verlassen morgens zeitig die Wohnung, denn der Weg in die Firma
dauert oft stundenlang. Auf den Arbeitstag folgt am
Abend zuerst die Entspannung im Kreis der Kollegen in
der nahen Bar. Danach kommen sie spät und müde nach
Hause, wenn die Kinder meist schon schlafen. Dieser
Rhythmus bürdet den Ehefrauen eine schwere Last auf,
denn die Hauptverantwortung für die Erziehung der
Kinder ruht auf ihren Schultern – wie seit anderthalb
Jahrtausenden. Psychologen meinen daher, daß Japans
Männer aufgrund dieser frühkindlichen Prägung stärker
als Männer anderer Gesellschaften auf ihre Mütter fixiert
sind und auch später von ihren Ehefrauen eher mütter-
liche Fürsorge als eheliche Partnerschaft erwarten. Umgekehrt wünschen sich junge Japanerinnen von ihren
künftigen Ehemännern in erster Linie hohe Bildung,
angesehene Berufe und gesicherte Einkommen.

Da Mann und Frau im Alltag verschiedene Wege gehen, bleibt wenig Gelegenheit zum gemeinsamen Gespräch, zum vertrauten und vertraulichen Dialog, zu jener engen Verbundenheit, die aus zwei Menschen ein Herz und eine Seele macht. Viele Männer besprechen ihre Probleme lieber mit den Firmenkollegen, mit denen sie oft ein Leben lang zusammenarbeiten. Ihre Frauen finden deshalb weniger im Dasein für den Partner als im Aufziehen und Bemuttern der Kinder Erfüllung. Aus demselben Grund sind in den Elternvereinen und in der wachsende Zahl kommunaler Organisationen besonders die Frauen aktiv. Ihre »Selbstverwirklichung« äußert sich vorwiegend in dem Ehrgeiz, ihren Kindern den Weg in eine bessere Zukunft zu bahnen. Dabei überfordern sie vielfach den Nachwuchs mit allerlei Kursen, Musikunterricht und der Vorbereitung für die Aufnahmeprüfungen der namhaften Universitäten. Für entspannende Kinderspiele bleibt wenig Zeit. Eine Statistik belegt, daß japanische Schüler viermal soviel Zeit mit Hausarbeiten verbringen wie junge Amerikaner.

Im Sommer 1999 tötete eine enttäuschte Mutter einen Nachbarjungen, der die Aufnahmeprüfung in einer Prestigeschule bestanden hatte, während ihr eigener Sohn durchgefallen war. Die verzweifelte Frau hatte sich in den Wahn gesteigert, daß der Nachbarjunge ihrem Sohn die Chance seines Lebens gestohlen und ihm damit eine erfolgreiche Zukunft verbaut hatte. Neuerdings versuchen ehrgeizige Mütter, den in ihrem Leib heranwachsenden Babys bereits Startvorteile zu verschaffen. Das Vorlesen von Texten, das Vorspielen von Musik, sanfte Bauchmassagen, spezielle Ernährung und gymnastische Übungen sollen frühzeitig das sich im

Mutterleib ausformende Gehirn anregen. »Kyoiku Mama«, Bildungsmütter, nennt der Volksmund diese verblendeten Frauen.

Wenn ein Mann plötzlich aus beruflichen oder gesundheitlichen Gründen längere Zeit zu Hause bleiben muß, gerät die eingefahrene Ordnung ins Wanken. Ein Sprichwort sagt, am besten wäre jener Mann, der gesund und nicht zu Hause sei. Damit wird deutlich, daß Arbeitslosigkeit – in keiner Gesellschaft ein angenehmes Los – in Japan eine Katastrophe bedeutet. In der engen Wohnung ist kein Platz für »Nichtstuer«, sich im Haushalt nützlich zu machen, haben die meisten Männer nicht gelernt, und als schlimmste Schande fühlen sie sich ausgestoßen aus der Gemeinschaft der Firma, die für viele dem Leben seinen Sinn gibt. Was bleibt ist Demütigung und das Gefühl, von den anderen verachtet zu werden – und in vielen Fällen Selbstmord.

Japans Männer wissen, daß die Familienpflichten ungleich verteilt sind und daß sie selbst das bessere Los gezogen haben. Vielleicht liegt hierin die Ursache für die Gewohnheit, daß sie ihren Frauen zumeist die Verantwortung für die Familienfinanzen überlassen. Noch ist es üblich, daß ein Mann seine Lohn- oder Gehaltstüte ungeöffnet seiner Ehefrau übergibt und sie ihm ein Taschengeld auszahlt. Scherzhaft sprechen die Männer von ihren Frauen als dem *okuradaijin*, ihrem Finanzminister. Die Verfügung über die Familienfinanzen gibt ihnen mehr Macht als Ausländer ahnen, zumal viele Japanerinnen nach außen hin die Erwartungsrolle von Demut, Bescheidenheit und Unterordnung perfekt beherrschen. Daher wäre es falsch, die Beziehungen zwischen den Ehepartnern hierarchisch zu interpretieren. In den meisten Fällen entsprechen sie eher einem geregelten Nebeneinander mit unterschiedlichen Zuständigkeiten.

Ein Leben ohne Familie können sich die meisten Japanerinnen ebensowenig vorstellen wie die Männer. Während in Europa etwa jeder zehnte Erwachsene unverheiratet bleibt, verzichtet in Japan nur jeder Fünfzigste auf eine Heirat, fast immer unfreiwillig.

Die jungen Damen aus wohlhabenderen Kreisen werden auf die Universität geschickt, weniger um einen Beruf zu erlernen, der ihnen Sicherheit in den Fährnissen des Lebens bieten könnte, sondern eher, um sich zur kultivierten Hausfrau heranzubilden, und in der Hoffnung, auf dem Campus den passenden Ehemann zu finden. *Tanki daigaku*, kurz *tandai*, heißen die beliebten Frauenuniversitäten, die aus Fachschulen der Vorkriegszeit hervorgegangen sind und 1964 als eigenständige Hochschultypen anerkannt wurden. In den zweijährigen Studiengängen dominieren Hauswirtschaft, Erziehung, Kultur und Kunst. Ihr akademisches Niveau gilt als nicht besonders hoch, ihre Ausstattung mit Lehrmaterial ist meist ungenügend. Zahlreiche Lehrer unterrichten an ihnen nur im Nebenberuf. Doch das Bild der Frauenuniversitäten als Brautschulen deckt sich nur noch zum Teil mit den Vorstellungen der Studentinnen selbst. Während die einen sie vorwiegend als Überbrückung vom Abschluß der Oberschule bis zur Eheschließung betrachten, sehen vor allem Studentinnen aus wirtschaftlich schlechter gestellten Familien in ihnen die Möglichkeit für eine relativ kurze, finanzierbare Berufsausbildung, beispielsweise als Kindergärtnerinnen.

Eine junge Frau, die ernsthaft an einer der großen und angesehenen Universitäten ein volles Fachstudium betreibt und dort einen akademischen Titel erwirbt, hat es doppelt schwer. Da in den höheren Etagen der Wirtschaft fast alle verantwortlichen Positionen von Männern ausgeübt werden, muß sie damit rechnen, daß ihr dort eine angemessene Stellung verweigert wird. Frauen passen nicht in die Männergruppen, die Japans Management beherrschen und die weit über betriebliche Notwendigkeiten hinausgehen. Nur selten wird deshalb eine Frau Einkünfte erzielen, die Männern mit gleicher Ausbildung anstandslos zugebilligt werden.

Das zweite Risiko: Ein Universitätsstudium mindert die Heiratschancen von Frauen, weil von Akademikerinnen nicht zu erwarten ist, daß sie sich in die traditionelle Rolle Hausfrau fügen werden, und weil die meisten Männer nicht zu einer Aufgabenteilung bereit sind, in der beide Partner in Haushalt und Beruf dieselben Rechte und Pflichten übernehmen.

Besonders benachteiligt sind junge Fabrikarbeiterinnen, oft »Blumen am Arbeitsplatz« genannt, wobei der Vergleich nur in einer Hinsicht stimmt, daß nämlich ihre Blütezeit nur von kurzer Dauer ist.

Als in der Meiji-Zeit (ab 1868) Japans Industrialisierung begann, benötigten die Baumwollspinnereien und Webereien vor allem junge, ungelernte und billige Arbeitskräfte. Verarmte Bauernfamilien schickten damals ihre meist zwischen vierzehn und zwanzig Jahre alten Töchter für zwei bis drei Jahre in die neuen Fabriken. Dort erhielten sie in Tag- und Nachtschichten von vierzehn Stunden Löhne, die etwa 70 Prozent unter jenen der Männer lagen. Dieses Geld wurde in der Regel den Eltern im voraus bezahlt, die damit teilweise ihre Schulden tilgen konnten, doch verhinderte diese Art der Entlohnung eine vorzeitige Beendigung der Kontrakte und den Wechsel zu einer vielleicht besser zahlenden Firma. Viele der jungen Frauen kehrten aus den sklavenähnlichen Arbeits- und Lebensbedingungen gesundheitlich ruiniert in die Heimatdörfer zurück und fielen ihren Eltern lebenslang zur Last.

Selbstverständlich haben sich die sozialen Bedingungen seit damals grundlegend geändert. Geblieben ist jedoch die weitverbreitete Überzeugung, daß Frauen ihre Erfüllung nicht im beruflichen Dasein, sondern in der Fürsorge für die Familie finden sollten, daß also ihre berufliche Tätigkeit, ähnlich wie die der Töchter wohlhabenderer Familien nur eine Übergangsphase bis zur Ehe darstellt. Folglich investiert die Industrie, die nicht mit länger arbeitenden Frauen rechnet, auch nicht in deren Weiterbildung, so daß den Arbeiterinnen bei schlechter Bezahlung allein das Fließband bleibt. Die von den Männern dominierten Betriebsgewerkschaften nehmen diese Benachteiligung hin. Der Gewinner ist Japans Wirtschaft, unter allen modernen Industriestaaten zahlt sie die niedrigsten Frauenlöhne und erwirtschaftet auf diesem Weg eine Kostenersparnis, die in den Kontroversen um Japans Handelsbilanzüberschüsse nie auftaucht.

Die jungen Arbeiterinnen sehen in der späteren Ehe ihre eigentliche Existenzgrundlage. Angemessene Sozialrenten oder eine betriebliche Altersversorgung haben sie aufgrund der kurzen Betriebszugehörigkeit und der schlechten Bezahlung nicht zu erwarten.

Daß die Frauen mit der Eheschließung aus dem Berufsleben ausscheiden, beruht nicht auf arbeitsrechtlichen Grundlagen, denn das widerspräche eindeutig der in der Verfassung garantierten Gleichberechtigung der Frau. Sie folgen mit ihrem Verhalten sozialen Traditionen, wohl wissend, daß sie es mit zunehmendem Alter im Betrieb schwer haben würden und ihnen ein Aufstieg ohnehin versagt bliebe.

Bessere Berufschancen bieten sich jungen Japanerinnen dagegen bei ausländischen Firmen und vor allem im öffentlichen Dienst. Als Lehrerinnen, in der Postverwaltung oder im Gesundheitswesen verdienen sie genausoviel wie ihre männlichen Kollegen, außerdem stehen ihnen dort dieselben Aufstiegsmöglichkeiten offen.

Ihre verfassungsrechtliche Gleichstellung verdanken Japans Frauen weder der Einsicht der japanischen Männer noch eigenen Anstrengungen, sondern der amerikanischen Besatzungsmacht, die nach 1945 die Gleichberechtigung der Geschlechter in allen Lebensbereichen verfügte und damit den Frauen das aktive und passive Wahlrecht verschaffte. Gegen massiven Widerstand sorgte sie schließlich dafür, daß diese Rechte in Japans neuer Verfassung von 1947 verankert wurden.

Ausländische Frauen vermerken oft anerkennend, daß in Japan eines der liberalsten Abtreibungsgesetze der Welt gilt. Es wurde – ohne seinerzeit die Frauen zu fragen – von jenen alten Männern durchgesetzt, die das Land nach dem Zweiten Weltkrieg regierten und die in der Sorge lebten, das völlig zerstörte Inselreich werde eine wachsende Bevölkerung nicht ernähren können. Es sind die ideologischen Nachfolger jener alten Herren, die heute die Abtreibungsmöglichkeiten begrenzen möchten, jetzt aber am Widerstand der Frauen scheitern. Bleibt noch zu erwähnen, daß Kontrazeptiva jahrzehntelang nicht zugelassen waren. Japans Ärzte verweigerten jahrzehntelang die Pille mit den absurdesten Argumenten, weil sie an den Abtreibungen glänzend verdienten.

Jeder Wandel braucht Zeit, im konservativen Japan mehr als anderswo, doch aufzuhalten ist er nicht. Seit die Frauen im Zweiten Weltkrieg, als die Männer in der Ferne kämpften, nicht nur für die Familien sorgten, sondern auch mithalfen, die Wirtschaft in Gang zu halten, gewinnen sie zunehmend Selbstvertrauen. Mit der Ausbreitung der Kleinfamilie drängen neuerdings immer mehr ältere Frauen ins Berufsleben zurück, nicht aus finanzieller Not, sondern weil sie sich noch jung genug zu einem neuen Anfang fühlen. Japanerinnen erfreuen sich weltweit der höchsten Lebenserwartung. Einige wenige Japanerinnen haben sich ganz nach oben durchgekämpft, wie – im wahrsten Sinne des Wortes – Junko Tabei, die 1975 als erste Frau der Welt den Mount Everest bestieg. Später wählten die Sozialisten als erste politische Partei Japans eine Frau, Takako Doi, zu ihrer Vorsitzenden. Danach berief die Reichstagsmehrheit sie sogar zur Parlamentspräsidentin. 2001 betraute Ministerpräsident Koizumi zum erstenmal eine Frau mit der Leitung des Außenministeriums, die überaus populäre und selbstbewußte Makiko Tanaka. Doch leider rutschte die Tochter eines früheren Ministerpräsidenten durch ihre drastische Offenheit und Unbekümmertheit so häufig auf dem diplomatischen Parkett aus, daß die Spitzenbeamten des Außenministeriums, die ohnehin keine Frau als Vorgesetzte akzeptieren wollten, sie Anfang 2002 schon wieder zu Fall brachten. Zu Japans Regierungstradition gehört es, daß die Minister vorwiegend als Gallionsfiguren wirken und die eigentliche Gestaltung der Politik den Spitzenbeamten überlassen. Die als Nachfolgerin von Frau Tanaka berufene neue Außenministerin entstammt jener hohen Bürokratie und dürfte sich mit der klassischen Rolle der Regierungsmitglieder zufrieden geben. Möglicherweise wird Japan eines Tages sogar von einer Kaiserin repräsentiert, wenn die Kronprinzessin, die Ende 2001 eine Tochter gebar, nicht noch einen Sohn zur Welt bringt. Schließlich führt Japans Kaiserhaus seine Ahnenreihe auf die legendäre Sonnengöttin Amaterasu zurück.

Roher Fisch als Gaumenkitzel –
Die japanische Küche

Ängstliche Besucher seien beruhigt: Man kann lange in Japan leben, ohne ein einziges Mal japanisch essen zu müssen. Doch nur wer sich traut, lernt die Japaner wirklich kennen. In vielen Großstädten findet man chinesische, koreanische, indische, französische und deutsche Restaurants, letztere gelegentlich mit alpenländischer Blasmusik, wobei in den Lederhosen natürlich Japaner stecken. Und überall im Lande machen sich die amerikanischen Fast-food-Ketten breit. Die großen internationalen Hotels bieten vorwiegend westliche Kost an, wer dort japanisch essen möchte, muß eines ihrer teuren Spezialitätenrestaurants aufsuchen. In japanischen Gaststätten wird häufig eine Mischung von heimischen, chinesischen und westlichen Gerichten offeriert. Sie stellen ihr Speisenangebot in Plastik nachgegossen und täuschend ähnlich bemalt, einschließlich des Schaums auf dem Bier, in Glasvitrinen den Passanten auf der Straße zur Schau.

Bäckereien und Konditoreien schießen wie Pilze aus dem Boden, und in den besseren Kaufhäusern kann man Fertigsuppen und Weine aus Deutschland, Käse und Pasteten aus Frankreich und Italien, Bündnerfleisch, ungarische Salami, australische Lammkeulen und amerikanische Steaks, kurz, alles kaufen, von japanischen Delikatessen, vorwiegend Meeresfrüchten, ganz abgesehen. Einzig Rehkeulen und Hasenrücken sind nirgendwo aufzutreiben, aus Gründen, die ich nie herausgefunden habe.

Das Steak gilt den Japanern als prestigereichste und deshalb teuerste Speise, wahrscheinlich weil die breite Mehrheit bis vor wenigen Jahren überhaupt kein Fleisch kannte. Absolute Spitzenqualität, mit Fett durchwachsen, kostet pro hundert Gramm im Laden umgerechnet mehr als 25 Euro! Die in Japan gezüchteten Rinder dieser Güteklasse werden mit Bier getränkt und täglich massiert, das verleiht ihrem Fleisch einen einmalig würzigen und zarten Geschmack. Der eigentliche Grund für die höchsten Steakpreise der Welt liegt jedoch in der staatlichen Einfuhrpolitik, die nichts dagegen hat, daß billige Importe erst nach künstlichen Verteuerungen durch zahllose Groß- und Zwischenhändler auf dem Markt erscheinen, weil auf diese Weise auch die japanischen Bauern höchste Preise erzielen. Spötter behaupten, daß die japanischen Endverkäufer selbst dann noch prächtig verdienten, wenn sie unter Ausschaltung aller Zwischenhändler die Rinder aus Übersee in der ersten Klasse einflögen ...

Continental breakfast, also Kaffee, Toast, Eier und Marmelade, erfreut sich in den Familien zunehmender Beliebtheit und wird heute sogar am Kaiserhof serviert. Den Hausfrauen ist dies nur recht, weil sich ein westliches Frühstück schneller und müheloser zubereiten läßt als die traditionelle japanische Morgenspeise aus frischgekochtem Reis, Suppe, Fisch, Seetang und sauer eingelegten Gemüsen. Zum Ärger traditionsbewußter Japaner offerieren manche Hotels nur noch westliches Frühstück. Auf Überraschungen sollten Sie allerdings in der Provinz gefaßt sein. Wenn Sie zum Frühstück ein Wasserglas voll Wodka vorfinden, können Sie daraus den Schluß ziehen, daß sich vor Ihnen russische Ingenieure eine Zeitlang in dem Hotel aufgehalten und dort »westliche« Gepflogenheiten eingeführt haben.

Übervorsichtigen Naturen sei versichert, daß man in Japan alles essen und trinken kann, was auf den Tisch kommt. In keinem anderen asiatischen Land geht es so sauber und hygienisch zu. Vorsichtsmaßregeln, die Sie auf Reisen durch Asien zu beherzigen gelernt haben, nur abgekochtes Wasser zu trinken, Salat und ungeschältes Obst nicht anzurühren und die kleinen Kneipen am Straßenrand zu meiden, dürfen Sie in Japan getrost außer acht lassen.

Fast alle Nahrungsmittel der Japaner stammen aus dem Meer. Fische, Kriechtiere und Pflanzen, was auch immer im Ozean schwimmt, krabbelt oder wurzelt, wird von ihnen verspeist. Auf dem Fischmarkt von Tokio treffen jeden Morgen 8000 Händler ihre Wahl aus mehr als 320 Sorten Fisch und Seegetier. So ist dieser Markt auch eine der eindrucksvollsten Sehenswürdigkeiten, die Sie sich nicht entgehen lassen sollten. Es lohnt sich, früh aufzustehen, morgens zwischen fünf und sieben Uhr herrscht hier die größte Geschäftigkeit.

Damit sind wir beim rohen Fisch angelangt. Er wird, in kleine Stücke geschnitten, entweder allein für sich, nur in eine scharfe Meerrettichsoße getaucht, gegessen (*sashimi*) oder auf vielerlei Arten in kalte Reisbällchen verpackt, die wiederum in Seetang eingewickelt werden (*sushi*), was erheblich billiger ist. Da *sushi* mittlerweile auch in Europa zu den modischen Delikatessen gehört, kann man diese japanische Spezialität auch bei uns probieren, zusammen mit einem Schluck Reiswein, *sake*, der im Sommer kalt und im Winter heiß getrunken wird. So mancher Ausländer, der Jahre in Japan gelebt hat, vermißt nach seiner Heimkehr gerade diese Delikatesse, zumal die unzähligen kleinen Sushi-Restaurants als Stammlokale japanisches Lebensgefühl vermitteln, ähnlich den Bierkneipen in Deutschland, in denen es ganz und gar anders zugeht. Wie die jungen Männer hinter der Theke auf das kunstvollste blitzschnell mit rasierklingenscharfen Schnitten die Fische zerlegen, macht ihnen in der ganzen Welt niemand nach. Fremde, die beim ersten Versuch ein leichtes Magendrücken überwinden müssen, mögen bedenken, daß man im Westen rohes Fleisch als Tatar verspeist, ein Leckerbissen, dessen Erwähnung viele Japaner erblassen läßt.

An zwei berühmten Spezialitäten kommt kein aufgeschlossener Besucher vorbei: *sukiyaki*, ein leicht süßliches Fondue aus dünnen Fleischstreifen, Gemüse, Ei und Soyasoße, und *tempura*, bestehend aus panierten Garnelen, Fischen und Gemüsen, die in siedendem Öl fritiert werden. Beide Gerichte gehen, was selbst die wenigsten Japaner wissen, auf europäische Vorbilder zurück. Tempura haben Portugiesen eingeführt, und Sukiyaki kam erst im vorigen Jahrhundert auf, als die Bevölkerung zum erstenmal Rind- und Schweinefleisch kennenlernte. Das ist nicht ungewöhnlich für Japan: Etwas sieht urjapanisch aus, ist aber fremden Ursprungs. Auch das amerikanische Steak unterliegt längst diesem Anpassungsprozeß. In vielen Restaurants wird es »japanisch« serviert, auf einer heißen Herdplatte oder einem erhitzten Stein, vor den Augen des Gastes in Würfel geschnitten und in Soyasoße, zusammen mit Bohnenkeimlingen, gedünstet.

Wer preiswert japanisch essen möchte und sich nichts aus Fisch macht, dem seien die Yakitori-Stuben empfohlen, in denen sich nach Büroschluß Angestellte, Ladenbesitzer, Sekretärinnen und Handwerker drängen, bevor sich die Damen auf den langen Weg nach Hause und die meisten Herren auf den kurzen Weg zu ihrer Stammbar machen. *Yakitori* heißt gebratenes Huhn, das nach Schaschlik-Art auf kleinen Holzspießen über offenem Feuer gegrillt und mit einer kräftigen Soße gewürzt wird. Doch das Angebot umfaßt auch Leber, Rindfleisch, diverse Gemüse und Gingko-Nüsse, immer in kleinen Happen aufgespießt und über glühender Holzkohle gegart, während sich die Gäste in winzigen Räumen, ähnlich den Sushi-Restaurants, um die Theke drängen und zuschauen.

Einzigartig ist die japanische Küche auch noch aus einem anderen Grund. Das Auge ißt immer mit. Nicht nur der Geschmack entscheidet, gleich hohen Rang genießen das Aussehen der Speisen, ihre Farben und die Präsentation. Daß auf einer klaren Suppe ein kunstvoll geschnitztes Karottenscheibchen schwimmt, daß ein Salat aus grünen Blättern und roten Tomaten wie ein künstlerisches Blumengesteck dargeboten wird, daß die Grundfarben der sich abwechselnden Gänge aufeinander abgestimmt sind, daß ein rosaroter Fisch auf einem grünen Blatt serviert wird, das wiederum in einem gelblichbraunen Bambuskörbchen liegt: dies alles mögen Neulinge zunächst übersehen. Für Japaner indes wäre ein delikates Essen ohne ästhetische Reize undenkbar. Japans

Küche versucht, sich nicht weit von der Natur zu entfernen. Alles sollte so frisch wie möglich sein, weder lange gekocht noch durch starke Gewürze oder dicke Soßen geschmacklich verändert werden.

Nicht verschwiegen werden darf, daß es Speisen gibt, die vom Gast starke Nerven verlangen. In der Hafenstadt Sasebo beobachtete ich einmal, wie Männer am Nebentisch einen lebenden Fisch verspeisten. Der stammte aus einem großen Becken mitten im Lokal. Der Koch – oder paßt hier besser die Bezeichnung Schlachter? – hatte das Tier mit einem Schlag auf den Kopf betäubt und ihm mit scharfem Messer Scheiben aus der Seite herausgeschnitten, die er anschließend wieder einpaßte. So kam der Fisch scheinbar unversehrt auf den Tisch. Doch jedesmal wenn sich die Gäste mit ihren Stäbchen ein Stück wegnahmen, zuckte er mit Kopf und Schwanz, wie von elektrischen Schlägen getroffen. Selbst in einem normalen Sushi-Restaurant kann es passieren, daß der Wirt eine lebende Garnele aus einem kleinen Becken nimmt, ihr den Kopf abschneidet, die Schale vom Körper entfernt und dem Gast den rohen Leib serviert, während die Fühler am abgetrennten Kopf noch in der Luft herumtasten. In Neuseeland führte deshalb die Ausfuhr lebender Hummern nach Japan zu erregten Debatten. Von japanischen Tierschützern ist zu dieser Essenslust nichts zu hören.

Der giftige Kugelfisch (*fugu*) ist eine besonders begehrte Delikatesse. Er darf nur in Spezialrestaurants zubereitet werden, von Köchen, die dafür eigens eine Lizenz benötigen. Denn sie verstehen sich garantiert darauf, die Innereien sorgfältig und restlos zu entfernen, damit der Esser nicht Gefahr läuft, unter schrecklichen

Qualen zu sterben. Ich fand, beim einmaligen Verzehr, Fugu-Fleisch ausgesprochen fade und bin überzeugt, daß er sich nicht auf den Speisekarten hielte, wäre der Genuß nicht mit einem Nervenkitzel verbunden.

Bei den Getränken brauchen Sie sich nicht umzustellen. Zwar mögen die Japaner ihren milden grünen Tee lieber als den von Europäern bevorzugten schwarzen (der in ihrer Sprache richtiger »brauner« Tee heißt), aber auch Reiswein schmeckt sehr gut und ist obendrein sehr bekömmlich. Sie können Ihre europäischen Gewohnheiten ruhig beibehalten und sich zugleich gut japanisch verhalten: längst wird in dem Inselreich mehr Bier als Sake getrunken. Stolz weisen die Japaner darauf hin, daß ihre ersten Braumeister aus Deutschland kamen, und einige ihrer besten Brauereien liegen auf der für ihr klares und sauberes Wasser berühmten Nordinsel Hokkaido, etwa auf derselben geographischen Breite wie München.

Mehr Prestige als Bier verleiht Whisky, das bevorzugte Getränk der Geschäftswelt. Wer frühmorgens in Tokio durch die Gassen der Vergnügungsviertel läuft, stolpert geradezu über Stapel leerer Whiskyflaschen, zumeist aus japanischer Produktion. (Hongkong dagegen zählt zu den größten Absatzmärkten der Welt für französischen Cognac. Böse Zungen behaupten, die Cognac-Lobby habe dort vor Jahren das Gerücht lanciert, Whisky mache impotent, seitdem habe Whisky bei den lebensfrohen Chinesen keine Chance mehr.)

Geschenke
oder
Das Geheimnis der wandernden Wassermelone

Kurz vor unserem ersten Weihnachtsfest im Fernseh-studio in Tokio schlug ich den Kollegen vor, wir sollten vielleicht die schlechtbezahlten Angestellten des nahegelegenen Kopierwerkes in Anerkennung ihrer ausgezeichneten und unermüdlichen Unterstützung beschenken. Doch mein japanischer Mitarbeiter reagierte verständnislos. »Warum? Die müssen uns doch beschenken, die profitieren schließlich von uns.« Das war meine erste Geschenke-Lektion.

In Japan beschenkt in der Regel der Rangniedere den -höheren, der sozial Schwächere den Einkommensstärkeren als Dank für gewährte Gunst, für erteilte Aufträge, für guten Rat und in der Hoffnung, daß die vorteilhafte Verbindung in der Zukunft erhalten bleiben möge. Traditionsgemäß beschenken Studenten ihre Professoren, Patienten ihre Ärzte, Untergebene ihre Chefs, Lieferanten ihre Abnehmer. Da Privilegierte auf diese Weise häufig mit Whisky, Wein, Obstkörben, Lackschalen oder Pralinen geradezu überschwemmt werden, haben sich im praktisch denkenden Japan Firmen aufgetan, die überflüssige Geschenke für etwa 30 Prozent ihres Wertes aufkaufen, um sie mit einem Aufschlag weiterzuveräußern. So ist allen gedient.

Es gibt zwei formelle Geschenkanlässe im Jahr. In der

Jahresmitte werden die Sommergeschenke (*o-chugen*) fällig, und im Dezember präsentiert man die Wintergeschenke (*o-seibo*). Jeweils in diesem Zeitraum richten die Kaufhäuser besondere Abteilungen ein, die nach den Bestellungen die Verpackung und die Auslieferung an die Bedachten übernehmen. Unabhängig von der Religion wird in Familien mit Kindern immer häufiger auch Weihnachten gefeiert, dann verschmelzen die traditionellen Wintergeschenke mit den Weihnachtsgaben.

Geschenke müssen einen erkennbaren materiellen Wert haben (Lektion 2). Mit selbstgemachter Marmelade oder Blumen aus dem eigenen Gärtchen ist in Japan niemand zu beeindrucken. Der Empfänger muß erkennen können, woher sie stammen. Ein Strauß Nelken aus dem Hibiya Kadan, dem berühmten Blumenladen im Imperial-Hotel, wird höher bewertet, als ein noch so geschmackvolles Orchideengesteck aus dem anonymen Blumenladen in der Nachbarschaft. Bereits an der Verpackung muß die teure Herkunft abzulesen sein, deshalb ist ihr größte Aufmerksamkeit zu widmen.

Obst gehört in ein hübsches Körbchen, das erst in Zellophan, dann in eine Alu-Folie eingeschlagen wird, um, wiederum mit dekorativem Geschenkpapier umhüllt, in einer schicken Tragetasche mit Firmenaufdruck zu verschwinden. Sechs Orangen, zwei Grapefruit und zwei Papayas bringen es solcherart auf umgerechnet stolze 50 Euro. Womit wir zu der ganz normalen Wassermelone kommen, die in keinem Geschenkangebot fehlt, das Stück für umgerechnet 15 oder 20 Euro. Wer so etwas Teures ißt? Fast niemand. Denn der mit solch einer Melone Beschenkte registriert aufmerksam ihren Wert und die damit bekundete Hochschätzung – und schenkt sie so rasch wie möglich weiter. Die Melonen laufen solange um, bis sie matschig und nicht mehr zu genießen sind.

Eine kanadische Whisky-Firma beschloß vor einiger Zeit, die Preise zu reduzieren, um ihren Umsatz zu steigern. Doch das Gegenteil trat ein, der Verkauf ging zurück, weil die billigeren Flaschen an Prestige verloren hatten und nicht mehr zum Geschenk taugten. Als die Kanadier daraufhin die Preise wieder heraufsetzten, stieg auch der Umsatz prompt.

Der Schenkende muß aber ebenfalls darauf achten, daß sein Präsent nicht zu kostspielig gerät, weil dies den Bedachten zum Gegengeschenk verpflichten würde. Bei Hochzeiten zum Beispiel ist es üblich, alle Gäste mit einem Gegengeschenk zu bedenken. Man erkennt Hochzeitsgruppen vor den großen Hotels daran, daß sie nach beendetem Fest allesamt in identischen Tragetüchern ihre Geschenke mit nach Hause nehmen. Und ein längerer Krankenhausaufenthalt verpflichtet den genesenen Patienten nach seiner Entlassung, kleine Geschenke an alle zu schicken, die ihn dort besuchten – und beschenkten.

Bei vielen persönlichen Anlässen, der Geburt eines Kindes, einer Heirat, dem bestandenen Examen, beim Bezug der neuen Wohnung oder bei Todesfällen, werden Geldgeschenke gerne akzeptiert. Dabei wäre es eine grobe Unhöflichkeit, die nackten Scheine zu überreichen. Geldgeschenke gehören in eigens dafür vorgesehene Umschläge, als eine letzte Erinnerung an jene Zeiten, in denen Geld als etwas Unreines galt. In keinem Geschenk sollte die Zahl vier vorkommen. Schenken Sie niemals vier Teller oder vier Flaschen Wein, denn die Zahl vier lautet genauso wie das Wort für Tod.

Der Europäer kann selbstverständlich der Landessitte

folgen und sich für Reiswein, Obst oder Lackschälchen als Geschenk entscheiden. Origineller sind dagegen deutscher Wein (den man wegen der Transportprobleme am einfachsten in einem japanischen Kaufhaus erwirbt), ein Bildband vom Rhein, eine Klassik-CD europäischer Interpreten, eine Swatch-Uhr oder eine kleine Porzellanfigur aus europäischer Manufaktur.

Wenn Sie nach Japan reisen, um dort auch Japaner zu besuchen, sollten Sie sich vor der Abreise gründlich Gedanken über Ihre Mitbringsel machen, denn nichts ist peinlicher, als dort beschenkt zu werden und dann mit leeren Händen dazustehen.

P. S. Den hilfsbereiten Angestellten des Kopierwerks haben wir trotzdem drei Flaschen Whisky zukommen lassen.

Verbrechen lohnen sich nicht

Wie würden Sie reagieren, verehrte Leserinnen und Leser, wenn bald nach dem Umzug in eine neue Stadt ein Polizist an Ihrer Haustür klingelte, nur um Sie kennenzulernen, da dies gewiß von beiderseitigem Vorteil sei? Würden Sie ihn zu einer Tasse Kaffee hereinbitten und ihm freimütig von Ihrem Leben und Ihrer Familie erzählen, oder würden Sie ihm kühl bedeuten, Sie nicht zu belästigen?

Japaner öffnen dem Schutzmann vom nahen Polizeirevier bereitwillig ihre Tür, denn sie sehen in ihm keinen Aufpasser und erst recht keinen Feind, sie schätzen ihn im wahrsten Sinne des Wortes als einen Mann, der sie beschützt, der ihnen hilft, auch weit über seine engeren Polizeiaufgaben hinaus.

Koban heißen die über 15000 kleinen Polizeistationen; dicht über das ganze Land verteilt, sind sie mit Schutzpolizisten besetzt, die ihr ganzes Berufsleben in »ihrem« Stadtviertel oder Dorf verbringen und denen deshalb nichts verborgen bleibt. *Koban* praktizieren Bürgernähe auf japanische Art. Die Beamten kennen die Stärken und Schwächen ihrer Mitbürger, sie verfolgen und verhindern Kriminalität, helfen Nachbarschaftskonflikte und Ehekräche zu schlichten, ermahnen übermütige Jugendliche (und deren Eltern) und beobachten aufmerksam Fremde, die in ihrem Revier nichts zu suchen haben. Dies alles funktioniert nur, weil ihnen die Bürger vieles erzählen. Was im Westen als Denunziation verpönt wäre, gehört für Japaner zum selbstverständlichen Umgang, da sie den Polizisten als einen der Ihren betrachten. Der Ordnungshüter gratuliert denn auch den Alten zum Geburtstag, den Handwerkern zum Jubiläum, er belohnt Kinder, die Fundstücke abliefern, mit Anerkennungsplaketten und weist, auf seinem Dienstfahrrad vorausfahrend, dem Notarzt oder der Kriminalpolizei den Weg durch die verwinkelten Gassen zur gesuchten Adresse.

Der Vergleich mit Deutschland drängt sich auf, wo reformwütige Bürokraten und profilsüchtige Politiker ähnliche Organisationsformen zerstörten und der Weisheit letzten Schluß in zentralisierten, motorisierten und computerisierten Polizei-Großzentralen sahen – bis sie erkennen mußten, wie sehr dadurch die Entfremdung zwischen Polizei und Bürgern gefördert wurde. Inzwischen versucht man, quasi als »Neuentdeckung«, zu den alten Zuständen zurückzufinden. Die Japaner, immun gegen Reformbetriebsamkeit – weil sie wissen, wie rasch sich bewährte Zustände verschlechtern und wie schwer sie sich verbessern lassen –, blieben gleich beim alten, mit beneidenswertem Erfolg.

Koban ergänzen Japans Sozialordnung, in der sich der einzelne nicht durch einen möglichst großen individuellen Freiraum zu definieren sucht, sondern als Mitglied einer Gruppe (Familie, Firma, Stadtviertel, Dorf), die gemeinsam entscheidet und handelt. Jede dieser Gruppen übt bereits Kontrolle über ihre Mitglieder aus und hemmt dadurch automatisch strafbares Handeln, weil

Schande nicht nur den einzelnen, sondern stets auch die Gruppe als Ganze bedroht. Zugleich wird deutlich, daß das japanische Beispiel der um vieles freiheitlicher orientierten westlichen Welt nicht als Vorbild dienen kann.

Kein moderner Industriestaat erfreut sich einer niedrigeren Kriminalitätsrate als Japan. In den USA fallen jährlich mehr als 20000 Menschen Gewaltverbrechen zum Opfer. In Japan (mit seiner halb so großen Bevölkerung) kommen im selben Zeitraum etwa 1200 Personen durch Mord oder Totschlag um. Und auf jeweils etwa 100 Einbrüche in den Vereinigten Staaten fällt vergleichsweise ein einziger Einbruchsdiebstahl in Japan. In welcher anderen Massengesellschaft kann man große Geldbeträge noch ungefährdet mit sich herumtragen? In welchen Millionenstädten außerhalb Japans kann eine Frau nachts allein gefahrlos durch die Straßen dunkler Vorstadtviertel laufen?

Kriminelle haben es in Japan schwerer als anderswo. Kein Autodieb kann mit seinem gestohlenen Wagen leicht ins Ausland fliehen. Kein Bankräuber kann sich lange in einer Gesellschaft verstecken, in der jeder jeden kennt und in der alle zusammen Fremden mit Argwohn begegnen. In Japan fühlt sich jeder für die öffentliche Ordnung mitverantwortlich. An fast jeder Ecke im Land sind öffentliche Fernsprecher aufgestellt, und sie sind allesamt unbeschädigt und betriebsbereit. Selbst wer jahrelang in Tokio lebt, wird wahrscheinlich nie einen Apparat mit abgerissenem Hörer oder zerschnittenem Kabel finden. Die ausliegenden Telefonbücher sind weder angekettet noch zerfleddert. In den dorfähnlichen Vorstädten, in denen sich die Holzhäuschen eng aneinanderdrängen, hängen wegen der Brandgefahr überall leicht erreichbare und ungesicherte Feuerlöscher. Niemand treibt damit Unfug.

Kommt es wirklich einmal zu einem schweren Verbrechen, läßt der Staat nicht mit sich spaßen. Japan hat die Todesstrafe bislang nicht abgeschafft, vollstreckt sie aber nur in äußerst seltenen Fällen. Initiativen zur Abschaffung der Todesstrafe finden in der Öffentlichkeit kaum Resonanz.

Strenge Gesetze verbieten den Besitz von Schußwaffen. Wer auch nur mit minimalen Mengen illegaler Drogen erwischt wird, hat schwere Strafen zu erwarten. Als modisch gilt Kokaingenuß nur in der Schickeria der Vergnügungsindustrie. Pop-Stars, die wegen Rauschgiftgenuß straffällig wurden, bleiben fortan die Türen zu den Fernsehstudios verschlossen, und keine Rundfunkanstalt legt noch ihre Schallplatten auf. Als Anfang der sechziger Jahre die weltweite Heroinwelle Japan erreichte, stieg die Zahl der Abhängigen auf etwa 40 000. Lebenslange Freiheitsstrafen für die Händler und harte Entzugsmaßnahmen für die Konsumenten kehrten die Entwicklung um. Ohne jede lindernde Behandlung mußten die Abhängigen in Isolierzellen die Entzugserscheinungen durchstehen. Ein Jahrzehnt später gab es praktisch keine Heroinszene mehr.

Unter Jugendlichen weit verbreitet – und schwer zu kontrollieren – sind dagegen die sogenannten Schnüffelstoffe (Verdünner); Herstellung und Vertrieb stehen seit 1972 unter staatlicher Überwachung. Der größte Umsatz bei illegalen Drogen wird mit Aufputschmitteln gemacht, dafür mag der Streß verantwortlich sein, dem viele junge Menschen bereits in der Schule und die Älteren im Berufsleben ausgesetzt sind.

Auch in Japan treiben Gangsterbanden, *yakuza*, ihr Unwesen, gibt es eine organisierte Kriminalität. Doch Ausländer oder normale japanische Bürger merken davon wenig oder nichts. Ähnlich der italienischen Mafia beherrschen die Gangster Teile der Bauwirtschaft und die halblegalen oder illegalen Randbezirke der Vergnügungsindustrie, Massagesalons, Pornokinos und Spielkasinos, neuerdings breiten sie sich auch im Waffenhandel und im Rauschgiftschmuggel aus. Nach dem schrecklichen Erdbeben in Kobe im Januar 1995 errichteten die *yakuza* als erste Notküchen und halfen damit den Überlebenden, bevor die Bürokraten aus ihrer Betäubung erwachten. Doch die Ausgaben für diese erste Hilfe dürften in keinem Verhältnis zu den Milliardengewinnen gestanden haben, die sich die Yamaguchi-Gumi, eine der größten *yakuza*-Organisationen im Baugewerbe, vom Wiederaufbau in Kobe versprach, indem sie legale Baufirmen daran hinderte, ihre überhöhten Angebote zu unterbieten. Mit Schutzgelderpressung und Bestechung, mit Drohungen und nackter Gewalt sicherte sie sich wertvolles Bauland.

Müssen sich die Japaner nach den Giftgasattacken der buddhistisch-hinduistischen Weltuntergangssekte Shinrikyo 1995 in der Tokioter U-Bahn auf gefährlichere Zeiten einstellen? Bedroht der internationale islamistische Terrorismus nicht nur die USA, sondern die gesamte moderne Zivilisation? Jede hochtechnisierte moderne Industriegesellschaft ist aufgrund ihrer Komplexität und ihrer verzahnten Strukturen anfällig für Katastrophen, wie die Zerstörung des World Trade Center in New York 2001 bezeugt. Andererseits ist Japan sicherer als vergleichbare Industriestaaten, weil die Insellage Grenzkontrollen erleichtert und weil die innere Kontrolle eines sich in Gruppen verwirklichenden Volkes in Japan besser funktioniert als in anderen offenen Gesellschaften. Außerdem bleibt als Faktum, daß sich an der geringen Gesamtkriminalität in Japan wenig ändert. Noch immer ist der europäische Besucher dort weniger Risiken ausgesetzt als zu Hause. Allerdings verführt gerade diese Gewißheit zu leichtsinnigem oder gar übermütigem Verhalten. Auch in Japan sollte niemand sein Schicksal herausfordern. Vorsicht kann nicht schaden.

Ein Rückblick als Ausblick

Eines Tages im Jahre 1673 umstellte überraschend die Polizei auf Befehl des Shoguns das Freudenhausviertel in Nagasaki, der einzigen Stadt in Japan, in der sich Ausländer, Holländer, auf einer kleinen künstlichen Insel im Hafen ständig aufhalten durften. Sorgfältig durchkämmten die Polizisten Haus für Haus. Ihre Suche galt weder Verbrechern noch Schmuggelgut, sondern unschuldigen Kindern, gezeugt von holländischen Vätern, von portugiesischen oder chinesischen Matrosen und Kaufleuten, deren Schiffe Nagasaki anlaufen durften. Etwa 200 Mischlingskinder spürten die Polizisten auf, rissen sie aus den Armen ihrer weinenden japanischen Mütter und packten sie auf ein Schiff nach Macao. Für Mischlingskinder war in Japan kein Platz.

Das sei nun sehr lange her, könnte man einwenden, und sicher habe sich in Japan seitdem vieles geändert. Oder doch nicht? In der Besatzungszeit nach dem Zweiten Weltkrieg wurden in Japan 200000 Besatzungskinder geboren, 40000 von ihnen hatten afroamerikanische Väter. Zahlreiche dieser Mischlingskinder fanden später in amerikanischen und europäischen Familien Aufnahme. Doch japanische Ehepaare haben sich nicht eines dieser Kinder angenommen und es adoptiert.

Als schwere Bürde einer langen Geschichte lastet auf

den Japanern noch immer ihr Glaube an ihre Besonderheit, die Überzeugung, daß nicht nur das Meer, sondern auch ein tiefer geistiger Graben ihren Inselstaat von der übrigen Menschheit trennt. (Liegt in dieser Selbstbezogenheit nicht der Hauptgrund dafür, daß Japan die Atombombenabwürfe auf Hiroshima und Nagasaki als singuläre Katastrophen beklagt, losgelöst von allen historischen Zusammenhängen?) So groß war die Angst vor den Fremden in den Jahrhunderten der Abriegelung, daß japanischen Fischern, die von Stürmen an ferne Küsten getrieben wurden, unter Androhung der Todesstrafe die Rückkehr in ihre Heimat verboten war. Und es kam vor, daß Ausländer der winzigen Fremdenkolonie von Nagasaki aus dem Lande komplimentiert wurden, weil sie zu gut japanisch sprachen. Verblaßte Geschichten? Noch heute holen sich japanische Firmen in die Geschäftsleitung ihrer ausländischen Niederlassungen gerne Ausländer, die kein Japanisch sprechen. Auf diese Weise bleibt man auch in der Ferne unter sich.

Uchi und *soto* – wir und die anderen, das sind getrennte Welten, zwischen denen die Überzeugung von der Menschheit als einer einzigen großen Familie nur zaghaft Brücken zu schlagen beginnt. Menschlichkeit als konkrete Verpflichtung, losgelöst von Rasse, Herkunft, Geschlecht oder Religion, klingt japanischen Ohren noch immer sehr fremd. Wie anders wäre das traurige Schicksal von Chiune Sugihara zu erklären, der im Zweiten Weltkrieg polnischen Juden das Leben rettete und dafür den Undank seines Vaterlandes erntete?

Als junger Diplomat war Sugihara 1939 nach Litauen geschickt worden, wo damals Tausende polnischer Juden in Todesangst Zuflucht vor den Deutschen gesucht hatten, um von hier aus irgendein sicheres Land zu erreichen. Berührt von ihrem Elend, entwickelte der Japaner zusammen mit einem holländischen Diplomaten einen Plan: Der Holländer stellt den Juden fiktive Einreisevisa für die niederländische Besitzung Curaçao in der Karabischen See aus, und der Japaner erteilte entsprechende »Durchreisevisa« für Japan. Die Inhaber solcher Papiere konnten durch Sibirien nach Japan ausreisen und Hitlers Häschern entfliehen. Korrekt bat Sugihara sein Außenministerium in Tokio telegrafisch um Genehmigung für diese Nothilfe, die ihm seine Vorgesetzten jedoch verweigerten. Trotzdem machte er sich an die Arbeit, stempelte Pässe und unterschrieb. Viertausend jüdische Flüchtlinge, von denen einer später in Israel Religionsminister und ein anderer Vizebürgermeister von Tel Aviv wurde, überlebten dank seiner Zivilcourage den Krieg.

Als Sugihara nach Kriegsende in seine Heimat zurückkehrte, erlebte er eine böse Überraschung. Seine Vorgesetzten eröffneten ihm, daß im Auswärtigen Dienst kein Platz für Diplomaten sei, die den Anweisungen der Zentrale zuwiderhandelten. Daß er 4000 Menschen das Leben gerettet hatte, rührte Japans Außenministerium selbst 1947 nicht. Sugihara mußte sich eine neue Existenz aufbauen, in der er es nie zu Wohlstand brachte. In Israel hochgeehrt, doch in seiner Heimat isoliert, mußte er mitansehen, wie ehemalige Kollegen, die in den Kriegsjahren an der Botschaft in Berlin die Nationalsozialisten hofiert hatten, nun in höchste Ämter aufstiegen.

Zugegeben, das Beispiel entstammt einer extremen Situation, derselben Einstellung wird man aber auch im ganz banalen Alltag begegnen. Ein guter japanischer Bekannter, der viele Jahre lang für eine große Fernsehstation die Beziehungen zu ausländischen Fernsehanstalten gepflegt hatte, gestand mir anläßlich seiner Pensionierung, daß seine weltweiten beruflichen Kontakte unter seinen japanischen Kollegen eher Mißtrauen als neidvolle Anerkennung erzeugt hätten. Immer habe man ihn ein wenig wie einen Außenseiter behandelt, wie einen, der nicht ganz dazu gehörte.

Ähnlich ergeht es japanischen Managern, die für ihre Firmen lange im Ausland tätig sind, oder deren Kindern, die dort zur Schule gehen müssen. Als »kulturell verdorben« passen sie später nicht mehr in jene festgefügten Gruppen, in denen sich die meisten Japaner geborgen wissen. Wie Bonsai-Bäumchen mögen sie sich vorkommen, die, einmal aus ihren engen Töpfen in die freie Natur verpflanzt, sich nicht mehr zurücktropfen lassen.

Noch im Herbst 1999 wies ein Juwelier in der japanischen Provinz eine brasilianische Journalistin aus seinem Laden mit dem Hinweis, man bediene keine Ausländer. Und eine Ladenkette verpflichtete zur selben Zeit ihre Kassierer, keine Geldscheine von Ausländern zu wechseln. Als diese Anordnung öffentlich bekannt wurde, zog die Firma den Ukas zurück und ersetzte ihn durch die Regelung, künftig »dubiosen Gruppen« den Geldwechsel zu verweigern, was auf dasselbe hinauslaufen dürfte.

Von Japans mühevollem Weg aus der geistigen Isolation in die Gemeinschaft der Völker und Kulturen werden Sie, geschätzte Leserinnen und Leser, bei ihrem Japan-Besuch wenig oder gar nichts merken. Vielleicht finden Sie Japan sogar besonders weltoffen. Fünf englischsprachige Tageszeitungen erscheinen allein in Tokio, und im halbstaatlichen Fernsehen NHK können Sie frühmorgens unter anderem die ZDF-Heute-Sendung vom Vorabend sehen. Indes ist auch die für Europäer so nachhaltig beeindruckende Gastfreundschaft eine Folge der Abgrenzung und jener unserer Großeltern vergleichbar, die einen fremden Gast in der »guten Stube« zu empfangen pflegten, zu dieser Gelegenheit das feine Porzellan aus dem Schrank und den besten Wein aus dem Keller holten.

Als Europäer lernt man Japan von seiner angenehmsten Seite kennen, doch nicht alle Ausländer machen diese Erfahrung. Unter den etwa 125 Millionen Japanern leben zwei kleine nationale Minderheiten eher neben als in der japanischen Gesellschaft. Den 50 000 Chinesen, die vorwiegend als Kaufleute und Restaurantbesitzer arbeiten, geht es dabei noch relativ gut, nicht zuletzt deshalb, weil die Japaner seit der weitgehenden Übernahme chinesischer Kultur vor 1400 Jahren großen Respekt vor dem Reich der Mitte empfinden. Ganz anders ergeht es den 650 000 in Japan lebenden Koreanern, die als Zwangsarbeiter im Zweiten Weltkrieg ins Land verschleppt wurden, und deren Nachkommen: Sie haben unter entwürdigenden Diskriminierungen zu leiden. Kein japanisches Großunternehmen nimmt diese Koreaner als Stammarbeiter auf, obgleich sie inzwischen alle japanische Namen tragen und die jüngere Generation mit Japanisch als Muttersprache aufgewachsen ist.

Vor Jahren schnitt einer dieser jungen Koreaner als Bester in der Aufnahmeprüfung einer jener großen Firmen ab. Nach Bekanntwerden seiner koreanischen Herkunft wurde er sofort entlassen. Die Arbeitsgerichte gaben dem Unternehmen mit der überraschenden Begründung recht, daß selbstverständlich niemand in Japan wegen seiner Herkunft benachteiligt werden dürfe, daß der junge Mann aber, indem er seine Herkunft verschwieg, seinen schlechten Charakter offenbare und deshalb der Firma nicht zumutbar sei. (Hätte er ehrlich seine Herkunft vor der Aufnahmeprüfung bekannt, wäre er erst gar nicht zugelassen worden.)

Junge Japanerinnen aus gutem Hause können ihren Eltern keine schlimmere Pein bereiten, als sich in einen Koreaner zu verlieben. Geradezu als nationale Schande empfänden es viele Japaner, wenn sich herausstellen sollte – was zu vermuten ist –, daß Japans Kaiserhaus auf koreanische Ahnen zurückgeht. Aus diesem Grund gestattet der Kaiserhof keine Grabungen in den älteren Kaisergräbern.

Etwa 200 000 Südostasiaten halten sich neuerdings im wohlhabenden Japan auf. Von Armut und Elend in ihrer Heimat hierhergetrieben, sind sie fast alle mit Touristenvisum eingereist. Der japanischen Wirtschaft sind diese Arbeitskräfte auch in konjunkturell schlechten Zeiten willkommen, da sie die drei »K«s verrichten, jene Tätigkeiten, die *kitanai* (schmutzig), *kitsui* (hart, schwer) und *kiken* (gefährlich) sind und die, wie in Deutschland, nur wenige Einheimische übernehmen wollen. Diese Menschen leben illegal in Japan. Da sich weder die Gewerkschaften noch die großen Wohlfahrtsorganisationen um sie kümmern, während die Behörden wegschauen, vegetieren die Filippinos oder Malayen unter schlimmsten ausbeuterischen Bedingungen. Wenn man sie nicht mehr braucht, wird man sie rasch wieder los. Ein Tip an die Ausländerpolizei genügt.

Aus seiner Abseitsstellung herauszufinden bleibt das große ungelöste Problem Japans. Es geht um eine Bewußtseinsänderung, die Erziehung der Öffentlichkeit zu einer bisher ungewohnten Haltung: der *internationalen Solidarität*. Das Ausland muß künftig in die eigene Lebenswelt einbezogen und als Bestandteil eines neuen, universalen *uchi* verstanden werden. Japan muß die Menschheit als Ganzes in den Blick nehmen, als eine Familie höchst eigenwilliger, aber zusammengehöriger Glieder begreifen lernen.

Dieser Geisteswandel erfordert lebendige Vorbilder zuallererst unter jenen, die sich bislang weitgehend um ihre Verantwortung drückten: einen Ministerpräsidenten, der den Besuch von Flüchtlingslagern nicht scheut, einen Kaiserhof, der neben wohlhabenden Sakebrauern und ehrgeizigen Politikern auch junge Entwicklungshelfer, die ihre Gesundheit in den Tropen ruinierten, mit Orden bedenkt, Schulbücher, Zeitungen und Fernsehstationen, die der Jugend die Wahrheit über Japans unrühmliche Rolle im Pazifischen Krieg vermitteln, Intellektuelle, die am Schicksal der vielen in der Welt verfolgten Autoren, Künstler und Wissenschaftler Anteil nehmen, und so weiter – die Liste der Möglichkeiten ist ebenso lang wie die der verpaßten Chancen.

Wandel im konservativen Japan braucht Zeit. Als Bahnbrecher fördert die Industrie Globalisierung, Internet und Datenautobahnen und zwingt dadurch die gesamte Gesellschaft mehr oder weniger freiwillig zu wachsender Weltoffenheit. Neben der Wirtschaft richtet besonders die Jugend, angezogen von der amerikanischen Massenkultur, neugierig ihre Blicke nach draußen und schwärmt aus in die weite Welt. Vom politischen

Establishment hingegen ist keine beherzte Führungsrolle im unvermeidlichen Anpassungsprozeß zu erwarten. Unterdessen baut in Japans Nachbarschaft die Volksrepublik China zielstrebig und wirtschaftlich erfolgreich ihre Führungsposition in Asien (nur in Asien?) aus. Wirtschaftlich werden die Chinesen die Japaner sobald nicht einholen, sie gar übertreffen. In der Weltpolitik aber spielen die Chinesen bereits die einflußreichere Rolle, als Ständiges Mitglied des Weltsicherheitsrates mit Vetorecht, als Atommacht, neuerdings auch als Mitglied der Welthandelsorganisation WTO und demnächst mit Prestigegewinn als Gastgeber Olympischer Spiele. Nicht lange ist es her, da reisten die Politiker und Wirtschaftsführer aus der ganzen Welt nach Tokio. Heute drängt es die Prominenz nach Beijing, gelegentlich mit Tokio als Zwischenstation, und die Japaner fühlen sich immer häufiger links liegengelassen. Japan ist in Gefahr, seine bislang dominierende Stellung auf der asiatischen Seite des Pazifischen Ozeans zu verlieren.

Zu hoffen bleibt, daß den Japanern möglichst bald die Aufnahme in die *family of man* gelingt, ohne daß ihre eigene kulturelle Identität bei diesem Prozeß Schaden nimmt. Denn jeder Japan-Besucher, der sich vorurteilslos und mit offenen Augen umsieht, erkennt bald, daß die Welt auch von Japan lernen kann, weit mehr als industrielle Produktionsformen. Religiöse oder ideologische Toleranz zum Beispiel. Während der Westen mit strenger Logik und ohne Rücksicht auf die Folgen in Entweder-oder-Kategorien agiert, versuchen die Japaner, durch ein Sowohl-als-auch Brücken zu schlagen.

Wahrscheinlich liegt der größte Gewinn einer Japan-Reise weder im Anblick des Berges Fuji noch im Besuch der Tempel und Schreine von Kioto, sondern in der Erkenntnis, daß ein hochmoderner Industriestaat auf völlig anderen Grundvorstellungen aufgebaut sein kann, als es der Westen vorexerziert hat, daß Modernisierung nicht den Verzicht auf bewährte Überlieferungen bedingt, daß Geborgenheit auch in einer modernen Massengesellschaft möglich ist. Ich will damit nicht die Nachahmung japanischer Vorbilder empfehlen, sondern nur deutlich machen, daß der Westen keineswegs das Maß aller Dinge darstellt. Wer von einem Japan-Besuch nicht mehr mitbringt als jene Erkenntnis aus der *Dreigroschenoper*, »Es geht auch anders, doch so geht es auch«, für den hat sich die weite Reise schon gelohnt.

Wie »anders« es in Japan, vor allem in den Köpfen der Japaner, zugeht, möge zum Schluß noch einmal eine kleine Geschichte belegen. Sie handelt von Herrn Yoshio Tabagi, einem Bankangestellten, der eine Reise nach Deutschland gewonnen hatte, die ihn 1992 auch nach Rothenburg ob der Tauber führte. Vor dem Rathausturm reihte er sich in die Schlange der Wartenden, die ihn besteigen wollten, ein, und weil dort die Zeit nur langsam verging, ritzte er seinen Namen nach weltweiter Unsitte in einen der Holzbalken ein. Das entdeckten andere Japaner und berichteten darüber nach Hause. Zurück in Japan, schlug eine Woge der Empörung über Herrn Tabagi zusammen. Fernsehen und Presse überschütteten ihn mit Vorwürfen, Nachbarn und Vorgesetzte tadelten ihn: Schließlich hatte Herr Tabagi nicht sich, sondern seine Gruppe, in diesem Falle ganz Japan, blamiert. Dem Gescholtenen blieb nichts anderes übrig, als erneut – diesmal auf eigene Kosten – nach Rothenburg zu reisen und sich dort beim Stadtoberhaupt für seinen Frevel zu entschuldigen. Auf diese Weise kam die Welt wieder ins Lot.

Damit verabschiede ich mich von Ihnen, meine geduldigen Leserinnen und Leser, mit herzlichem Dank für Ihre Aufmerksamkeit und mit jener bezeichnenden japanischen Formel, mit der man sich nach einem Besuch empfiehlt: *Shitsurei shimashita.* Was heißt: Entschuldigen Sie bitte, daß ich Sie belästigt habe.

PIPER

Birgit Vanderbeke

Gebrauchsanweisung für Südfrankreich

174 Seiten. Geb.

Pont du Gard, pittoreske Natursteinhäuser und blühender Lavendel, das ist Südfrankreich. Nicht ganz. Denn wußten Sie beispielsweise, daß »Gekochtes Wasser« zu den Spezialitäten der provençalischen Küche gehört? Daß sich die meisten Bewohner dieses Landstrichs seit Jahrhunderten weigern, an die Zentrale in Paris Steuern zu entrichten? Oder daß noch immer ein Konfessionsstreit über den Erfinder der schmackhaften Cassoulet geführt wird? Mit genauem Blick und der ihr eigenen feinen Ironie schreibt Birgit Vanderbeke über die Leute im Süden Frankreichs, über ihren Eigensinn und ihre Fahrkünste, über Trüffelmärkte und den Ramadan in Marseille. Eine Liebeserklärung an eine der wundervollsten und zugleich vielfältigsten Regionen Frankreichs.

PIPER

Paul Ingendaay
Gebrauchsanweisung für Spanien

ca. 192 Seiten. Geb.

Spanien steckt voller Geheimnisse. Wie, beispielsweise, kommt es zur anhaltenden Liebe der Spanierinnen zum Hausmantel aus Polyester? Warum ist es in Spanien so laut? Und was nur, was macht die geliebte escapada, die Flucht ins Wochenendhaus auf dem Lande, für die Spanier so reizvoll? Spanien muß man erklären – und Paul Ingendaay tut das auf ebenso kenntnisreiche wie amüsante Weise. Dabei erzählt er vom Fußball und von Cervantes, von silbernen Löffeln und deutschen Kolonien, vom Baskenland, Sex und dem traditionellen Stierkampf. Am Ende wird eines ganz klar sein: Spanien ist mehr als nur Küste.

PIPER

Elke Kößling
Gebrauchsanweisung für Südengland

196 Seiten. Geb.

Schroff und sagenumwoben erheben sich die Kreidefelsen Südenglands aus dem Meer. Ein Land voller Mythen und Legenden, dessen charmant-schrullige Eigenheiten unwiderstehlich sind. Seine Bewohner haben Cream Tea und Cricket zur Lebensart gemacht, legen die verwunschensten Gärten der Welt an und laden zum Tête-à-tête der Exaltierten nach Ascot. Die Nachtschwärmer treffen sich auf dem Pier von Brighton, die Naturfreunde auf den public footpaths, den öffentlichen Wanderwegen, von denen kein Land soviele hat, wie England.
Was Sie nie zu fragen gewagt haben, aber schon immer wissen wollten über den Süden der skurrilen Inselnation – hier erfahren Sie es.

PIPER

Thomas Grasberger
Gebrauchsanweisung für München

214 Seiten. Geb.

Manch einer glaubt, München sei ein Lebensgefühl. Und dieses Gefühl ist weiß-blau, Dallmayr und Maximilianstraße, es ist Freizeit, Schickimicki und Voralpenland.

Aber manch einer irrt. Denn München ist mehr als nur Oktoberfest und Hauptstadt der Bayern. Hinter den Kulissen der Film- und Bierstadt gibt es Interessantes und Historisches, Skurriles und Vielfältiges zu entdecken. Thomas Grasberger geht dem Homo bavaricus auf den Grund, und er erkundet für uns die Seele des »echten« Münchners. Er führt uns in die Zeit, als Schwabing noch Boheme bedeutete, als Giesing noch ein Arbeiterviertel war. Und er kennt sich im Englischen Garten ebenso gut aus wie an den Stammtischen der bayrischen Grantokratie.

Manch einer wird in diesem Buch verblüffende Entdeckungen machen – und für jeden wird es ein ungeheures Vergnügen sein, München darin auf ganz besondere Weise zum ersten Mal zu begegnen.

PIPER

Henning Klüver
Gebrauchsanweisung für Italien

191 Seiten. Geb.

Alle lieben Italien – das Land, wo die Zitronen blühen, wo die Frauen schön sind und der Espresso aromatisch. Glaubt man. Aber was blüht jenseits des Brenners wirklich? Was essen die Italiener, wenn die Mamma keine Lust auf Pizza und Pasta hat? Und warum tragen fast alle unsere Schuhe das Gütesiegel Made in Italy?
Henning Klüver weiß es. Mit leichter Hand widmet er sich den ureigensten Domänen der Italiener: der Familie und der Mafia, der Mode und der Piazza, der Kirche und dem guten Essen. Er kennt den Unterschied zwischen Osteria und Ristorante, er weiß, warum die italienische Innenpolitik einer Daily Soap in nichts nachsteht und wieso schon lange kein Italiener mehr ohne Handy auskommt.